日経文庫
NIKKEI BUNKO

プロがすすめるベストセラー経営書

日本経済新聞社［編］

日本経済新聞出版社

まえがき

本書では、「いま」の経営・ビジネスを知るための書籍を8冊厳選して紹介します。

日本国内はもとより、世界を通じた競争は激しくなるばかりです。日本は働き手人口が減る中、それぞれが生産性を高める努力をしなければ、競争から置いていかれてしまうという、危機的な状況にあります。ＩｏＴ（もののインターネット）の普及スピードが、想定外に早く、少し前の経営・ビジネスの常識が、すぐに陳腐化する可能性が高まっています。

そういった環境の中で、本書で取り上げた8冊は、いずれもロングセラーとなっており、いまの時代を切り取った「新しい名著」といえるものばかりです。忙しいビジネスパーソンが、そのエッセンスを短時間で知ることができます。

本書を執筆したのは、ビジネススクールの人気教授や、実務経験豊富な一流コンサルタントたち。自ら選んだ「座右の書」を、現代のビジネスシーンに当てはめ、ケーススタディをふんだんに盛り込みながら、今に通じる意義を解説します。

是非、関心のある章から読み始めてください。そして興味を持った本があれば、実際に手にとって熟読されることをおすすめします。

2018年6月

日本経済新聞社

本書は、「日経Bizアカデミー」「NIKKEI STYLE 出世ナビ」で2011年10月から2017年5月まで連載された「経営書を読む」の内容を抜粋、加筆・修正し、再構成したものです。なお、第8章の『経営戦略の思考法』は、本書のための書き下ろしです。

プロがすすめるベストセラー経営書　目次

4 『ストーリーとしての競争戦略』楠木建著（東洋経済新報社、2010年）
——3枚の札でビジネスに勝つ
小川進（神戸大学、マサチューセッツ工科大学スローン経営大学院）

6 『HARD THINGS（ハード・シングス）』
ベン・ホロウィッツ著（邦訳・日経BP社、2015年）
――人、製品、利益、の順番で大事にする

佐々木靖（ボストン コンサルティング グループ）

1

『戦略プロフェッショナル』

三枝匡著（日経ビジネス人文庫、2002年）

——原理原則と熱い心がリーダーを作る

清水勝彦（慶應義塾大学ビジネススクール）

1 「戦略理論は役立つか」という間違った問い

スタンフォードMBA（経営学修士）、ボストンコンサルティンググループ日本人第1号採用、そしてミスミグループ本社代表取締役CEOを経て現シニアチェアマン。きら星のような肩書の並ぶ三枝匡氏が25年以上前に自らの経験を基に書いたのが『戦略プロフェッショナル』です（2002年に文庫化）。その後多く出版されている実話仕立ての経営書の先駆けと言ってもいいでしょう。

本書で投げかけられているのが「戦略理論は役に立つか」という基本的な問いです。私もしばしば受ける質問です。著者の答えを少々単純化して言えば「正しく使えていないのに役に立つわけはない」ということです。

「正しく使えていない」理由は2つです。1つは、戦略理論の価値は「単純化」にあるにもかかわらず、それを良しとしない感情的な問題。「そんなに単純なものではない」「一概には言えない」という反応はよく聞くところですが、それはおおむね「原理原則と枝葉末節を混同」していることの裏返しです。

何でもそうですが、原理原則を明らかにした上で個別の問題に取り組まなければ、解決できることも解決できません。「当社はちょっと特殊だから」。そう言い続けて迷路にはまり込んだ企業を再生してきたのが著者なのです。

もう1つは「戦略理論を使えばすぐ問題解決」という短絡的な発想です。しかし、これも当たり前ですが、原則は同じでも応用（あるいは実践）はその企業に合ったものでなくてはなりません。ハーバード大学のクリステンセン教授も指摘するように、抗がん剤がどんなに良い薬でも、風邪は治らないのです。

そう考えると「MBAは役に立つか」、あるいは「英語は役に立つか」も全く同じで、そもそも問い自体が間違っています。欧米でもそうですが、ビジネススクールとは端的に言えば「高級就職専門学校」です。MBAを取ること自体は目的でもなんでもなく、自分のキャリアアップこそが重要なのです。「自分（あるいは自社）の目的」があって、初めて正しい問いが成り立つのです。

戦略立案のそもそもの間違い

「イノベーションのジレンマ」でも有名なクリステンセン教授の言葉を、正式に引用すれば次の通りです（注1）。

> 具合が悪くなり、医者にかかった場面を想像してみよう。
> 症状について説明することもなく、勝手に医者が処方箋を書き上げて「これを2錠ずつ、1日に3回服用しなさい。そしてまた来週いらっしゃい」という。「どこが悪いのか、まだお話していないのに、これが私に効くとどうしてわかるのですか」とあなたは尋ねる。「効くにきまってるじゃないですか。前の2人の患者には効いたのですから」と医者は答える。

クリステンセン教授は「こんな医者はいないだろう」と言いながら、学者やコンサルタントは同じようなことをしており、また経営者も喜んでそうした「治療」を受けているのではないかと指摘します。部下には「考えろ」と言っておいて、「先生、どこかに成功事例ありませんか」なんて聞くのはそれです。「戦略は差別化」と言っておきながら、どこかにある「成功パターン」をそのまま採用する根本的な勘違いは、残念ながら今でも驚くほど多いのです。

こうした現象は日本ばかりでなく欧米でも多く起こっています。三枝氏は戦略論が魅力的であればあるほど、そしてそれがビジネススクールを通じてより精緻化、複雑化するにつれ、本来参謀であるはずの戦略企画部門がより強力になり、「智」が「将」の上にくるような弊害が目立つようになったと指摘しています。

CEOの価値

1991年になされたこうした指摘は、2008年のハーバード大学のシンシア・モンゴメリー教授の論文のポイントとほぼ同じであることに驚かされます。「Putting leadership back into strategy（邦題：戦略の核心）」として、1月号のハーバード・ビジネス・レビュー（日本語版は4月号）に掲載された論文で、彼女は「かれこれ25年前から、戦略は分析的な問題解決の方法であり、左脳型の作業として見なされるようになった」「戦略立案がコンサルタントにアウトソースされるようになった」と批判します。さらには「最高戦略責任者であるべき最高経営責任者（CEO）の最も重要な仕事は、企業の目的を明確に示すことであり、それなしに作られる戦略は単なる短期的なゲームの計画だ」とまで言い切るのです。

ここで彼女が強調するのは、最近日本でもよく言われる「企業の創造する価値」とは何かということです。実際、ハーバードビジネススクールのエグゼクティブプログラムで、以下の3つの簡単な質問をするそうですが、「うるさかった教室が数分もしないうちに静まり返る」と言います。「難しいから答えられないのではなく、あまりにも基本的すぎて（つまり、わかっていると思い込んで）実は答えられない」質問は以下の通りです。

①あなたの会社がなくなった場合、困るのは誰か。それはなぜか。
②同じく、一番困る顧客は誰か。それはなぜか。
③あなたの会社の代わりとなる企業が現れるまでに、どれくらいの時間がかかるか。

そうした「目的」を踏まえて、様々な不確実性にダイナミックに対応し、企業を中長期的に繁栄させるのが経営者であり戦略家の役割であると指摘するのです。

その意味で戦略理論に対して「単純すぎる」という意見は、単に的外れであるばかりでなく、間違っているということがよくわかるでしょう。原理原則に基づいたシンプルな戦略でなければ、応用など利かないからです。私も戦略理論を「九九」に例えることがあるのは同じ理由です。

実践的戦略プロフェッショナル

三枝氏は第1章の終わりに「実践的戦略プロフェッショナルになろう」と題して、やや謙遜気味に次のように言います。

> 分厚い本に書いてある複雑にこね回した理論を考える必要はない。単純な基礎的セオリーを完全にマスターし、それを自分の判断やプラニングに忠実に使えば、時として目覚ましい効果を上げることができる。

後で触れますが、これは米ゼネラル・エレクトリック（GE）の元CEOであり希代の経営者、ジャック・ウェルチの指摘とほぼ同じです。

（注1）Christensen, C.M., & Raynor, M.E. 2003. Why hard-nosed executives should care about management theory. *Harvard Business Review*, 81 (9): 66-74. 邦訳『よい経営理論、悪い経営理論』（ダイヤモンド・ハーバード・ビジネス・レビュー、2004年5月号）

2 良い戦略理論は古くならない

「セグメンテーション」「プロダクトライフサイクル」「ポートフォリオ」——本書にはそうしたカタカナ言葉、つまり戦略理論のフレームワークが色々出てきます。いずれも、本書が書かれた1991年よりずっと前から使われている「古い」ものばかりです。

実は最近行われたミスミの経営改革もほぼ同じ「古い」手法が使われています。近著『ザ・会社改造』（2016年刊）によれば、「古典的な恐竜」と言われ忘れ去られていたプロダクト・ポートフォリオ・マネジメント（PPM）理論にこだわって多角化の問題点を明確にし、結果を出すことができたのです。

「十年一日のように同じことを言う」というのは大学教授の定番ですが、「最新の理論を取り入れなければいけない」という指摘には大きな落とし穴があることを三枝氏は示してくれます。

繰り返しになりますが、「原理原則」は年がたったから古くなるというものではありません。さらに言えば、世の中が変わるから、より複雑になればなるほど、原理原則の重要性がいっそう増すのです。はやりの枝葉末節に浮かれて本質を見失いがちになるからです。そうした傾向はいわゆる「意識高い系」、あるいはそうした人々が集まっている「優良企業」に多いように思われます。

そして、一見「最新」に見せるために、本来は単純であるはずのコンセプトをより複雑に見せることすらあります。GEの元CEOジャック・ウェルチは「複雑に説明するとよく考えているように見える」ことに警鐘を鳴らしています。良い戦略は本来シンプルであるはずだからです。

「古典的コンセプト」にこだわると「時代錯誤」などと言われるかもしれません。しかし、考えてみてください。原則を外した戦略が機能するでしょうか？　そして、戦略の本質が「バカなとなるほど」であるとすれば、他社が新しいものに踊らされがちな時こそ「古典」の良さが生きるのではないでしょうか？

良い戦略がシンプルでなくてはならない理由

三枝氏は、戦略はシンプルでなくてはならないことを繰り返し強調しています。例えば次のように。

> 私の経験では、良い戦略は極めて単純明快である。逆に、時間をかけ複雑な説明をしないと理解してもらえない戦略は、だいたい悪い戦略である。悪いという意味は、やっても効果が出ないという意味である。
> 良い戦略は、お父さんが家に帰って、夕食を食べながら子供に説明しても分かってもらえるくらい、シンプルである。悪い戦略は、歴戦のビジネスマンに1日かけた説明会

を開いても、まだもやもやしている。

その理由は3つでしょう。1つは、結局原理原則に基づいたものが、それほど複雑になるわけはないということです。複雑になるとすれば、原理原則、あるいはそのよって立つ基本を外して「最新」「欧米企業が使っている」などという枕ことばのつく枝葉末節的施策を並べて取り繕おうとした結果、わけがわからなくなっている状態です。

2つ目は、先ほど指摘した点とも重なりますが、シンプルであるから応用力があるということです。「九九」ということを申し上げましたが、この81パターンをマスターすれば、ほぼどんな掛け算（最終的には割り算）にも対応できますが、例えば4桁同士の難しい掛け算の答えを100も200も一生懸命覚えたところで、その応用範囲は知れています。

そして最後にもう1つ重要なのは、やや大げさに言えば「人は単純なことしか実行できない」ということです。立案した本人は理路整然として素晴らしいと思われる戦略であっても、現場の一人ひとりに腹落ちしなければ「絵に描いた餅」です。それを、「意識高い系」の企画部門の方は「現場は分かっていない」などと言うことがありますが、それはそのまま自分に言うべき言葉です。

企業改革の「3枚セット」

近著『ザ・会社改造』ではこうした点と関連して改革の要諦を次のように指摘します。

> リーダー能力の切れ味は「3枚セット」のシナリオをいかに的確かつ迅速に作るかにかかっている。〈1枚目〉は、複雑な状況の核心に迫る「現実直視、問題の本質、強烈な反省論」。〈2枚目〉は〈1枚目〉で明らかにされた問題の根源を解決するための「改革シナリオ、戦略、計画、対策」。〈3枚目〉は、〈2枚目〉に基づく「アクションプラン」である。

つまり、3枚でまとめられなくては、企業改革はうまくいかないということです。

ウェルチの5つの質問

この点もジャック・ウェルチの指摘と見事に重なっています。ウェルチ著『ウィニング』で、「現実の社会では、戦略は非常に単純なものだ。大まかな方向性を決めて、死に物狂いで実践する」「戦略を複雑にしてしまってはいけない……それは戦略ではない。苦痛だ」と強調しています。そして、より現実的で本質的な戦略に迫るために次の5つの質問に答えろというのです。詳しくは『ウィニング』を見ていただくとして、5つの質問だけをここでは挙げます。

①競技場は今どんな状況か？
②競合相手は何を考えているのだろう？
③曲がり角の向こうには何がある？
④あなたは何をしているんだ？
⑤勝利するための一手は？

改めて経営の原理原則というのは、時代、洋の東西を問わないことを感じませんか？　海外事業がうまくいかず「中国は特殊だ」という言い訳を錦の御旗にしているようなケースは、市場の特殊さというよりは、むしろ原理原則のところで間違っていることが多いのではないでしょうか。

3 問題が問題と認識されない理由

三枝匡氏は「戦略の要諦は絞りと集中である」と指摘しており、そのためのセグメンテーション（ターゲット顧客の選定）が本書の重大なテーマです。当然、顧客データがなくてはならないのですが、実はそうしたデータはあったのです。あっても使われていなかったのです。

「その気になってみれば、情報は目の前にたくさんあるのさ。それに意味をつけて社内に発信してくれるやつがいるかどうか」が違うのです。

本書は、そうした情報への感度と目線が内向きか外向きかで「ルート1企業」「ルート3

企業」という区分をしています。前者は「競合相手の動向がいつも話題になって、ピリピリしている」。これに対し後者は「社内の人間に向けられた不満でいつもジメジメしている」ので、結果として「磨けば光るダイヤモンドのような情報が社員や経営幹部のファイルに入り込んだまま出てこない」「やたらと情報を集めるのが好きなのに、それを個人的に退蔵して知らん顔をしている変な中堅社員がいる」ような状態です。

しかし、ルート3企業はそういう状況になっているのもわからない。はた目に泥酔は明らかなのに、ベロベロに酔っている脳が自分は大丈夫だと思っている「酔っ払いのジレンマ」状態です。

そしてさらに重要なのが「業績の悪い企業は内部が不安定だと思われがちだが、むしろ逆のことが多い。低いレベルで社内が妙に落ち着いてしまう」という指摘です。

その意味で、「意識を変える」というのは企業変革の中心であると同時に最も難しいポイントです。「企業改革は意識改革から」とおっしゃる方が時々いらっしゃいますが、これはウソです。意識改革ができれば、企業改革はほぼ終わったようなものだからです。そうした一見もっともな言葉を真に受けて失敗する事例は枚挙にいとまがありません。

ビッグデータは大切です。そして、もっと大切なのはそれを分析・役立てる視点、意識です。

危機感とは何か？

企業改革に不可欠な要素としてよく指摘されるのが「危機感」です。瀕死《ひんし》の状態にある企業はもちろん、いまひとつの企業でも「危機感」を持って全社員が一丸となることが重要なのですが、現実によく経営者の方々から聞くのは「当社には危機感が薄い」という嘆きです。本書の姉妹書と言ってもいい『V字回復の経営』では、不振会社の症状50の1番目として、危機感の薄さが挙げられています。

一般に企業の業績悪化と社内の危機感は相関しない。むしろ逆相関だと言ったほうがいい。つまり、業績の悪い会社ほどたるんだ雰囲気であることが多く、業績の良い成長企業のほうがピリピリしている。

「危機感とは何でしょう?」

そういう質問をある企業の役員会でしたことがあります。「会社の競争力が落ちているという認識」「このままではいけないという意識」「何とかしないといけないという気持ち」などなど挙がるわけですが、ほぼ共通するのは2つの点です。1つは「だいたいは共有できているが、微妙に違う」。いわゆる温度差の違いといってもいいですし、そもそも「危機感」という言葉の意味をきちんと定義することなく軽く使う傾向です(だいたいそういう会社では「戦略」という言葉についても同様です)。

そしてもう1つ、より重要なのは「主語」がないことです。「問題だ」「何とかしないといけない」ということは言っても、「誰かがやってくれる」「社長の仕事だ」と暗黙のうちに言っており、そこでは「自分は精いっぱいやっている」「自分の責任ではない」という、言い訳ごころが透けて見えます。

本当の危機感とは、ケネディ大統領の有名な演説とも重なりますが、「自分が何かをしなくてはいけない」という気持ちです。それなしに「危機感を持て」と言っても「自分は持っています」と返ってくるだけで、何も変わりません。

そうした意識は一朝一夕に変わるものではありません。ただ、変える努力をし続けなければ決して変わらないことも事実です。

現実を直視しているか？

危機感、意識変革の前提にあるのは、実は非常に当たり前であるはずの「現実を直視すること」です。これは前に挙げた「3枚セット」の1枚目です。顧客の声を聞いている、社員のことがわかっていると言いながら、実は「見たつもり」「わかったつもり」であることは多いのです。よく「百聞は一見にしかず」（Seeing is believing）と言いますが、現実には「Believing is seeing」であることの方が多いのです（これはもともとミシガン大学のカール・ワイク教授の指摘です）。

その意味で、先にも挙げたハーバード大学のクリステンセン教授が言う「イノベーターの5つのDNA」のうち、1つが「観察力」であるのはとても示唆的だと思いますし（注2）、出版から17年たってもいまだにペーパーバックにならない大ベストセラー「Good to Great（邦題：ビジョナリー・カンパニー2）」の第4章が「Confront the Brutal Facts（苛烈な現実を直視する)」であるのも象徴的です。こうした「見ているつもりで見ていない」点にご興味とお時間のある方は、ぜひ「バスケットボールとゴリラ」でググって映像を見てください。

危機感を芽生えさせる方法

「現実を直視する」ことは、危機感を持つための必要条件であることは間違いありませんが、十分条件ではありません。前述のように、あるいは一時期の日産自動車がそうであったように、何千億円という赤字が出ても危機感が薄い会社はよくあります。日本航空に至っては、会社が倒産すれば年金だってなくなってしまうかもしれないにもかかわらず、年金の利率を下げたくないと言い張っていたOBが多数いたことは有名です。「なんと愚かな」と思うかもしれませんが、これが現実です。それほど染み込んだ意識を変えることは難しいのです。

それではどうすればよいのか?

三枝氏は先に触れた「業績の悪い会社は低いレベルで社内が妙に落ち着いてしまう」に関連して「ゆらぎ」の重要性を指摘します。社内にあつれきを起こせというのです。刺激を与えろというのです。あまり過激なことをするると、士気が下がったりするのではという懸念に対して、著書『V字回復の経営』では次のような指摘が出てきます。

> 古い価値観が崩れる、不安を感じる、社内がガタガタする。でもそれが変化の第一歩です。それを避けてこの事業部を良くする道なんて、もう残っていないんです。
> いったい何人の役員から「社員を不安にすることは言わないでください」と言われたことだろう……社内で真実を語りたくないのは、それをいわれて困る人達なのだ。過去に問題を生じさせた人、その処理を引き延ばした人。今もその問題を避けようとしている人。分かっていても自分の力量の及ばない人。自分の残り年数を数えて楽をしたい人。社員で真実が語られない理由を若い社員たちは全て見抜いている。そして白けた気持ちで黙々と、言われたことだけをやっている。

そして、「ゆらぎ」「不安定化」のもう一つの重要な役割は、これまでの体制で日の目を見なかった、あるいは士気の下がってしまっていた人材の発掘です。「リーダーだけしかできないことはあるが、リーダーだけでは何もできない」からです。

（注2）Dyer, J.H., Gregersen, H.B., & Christensen, C.M. 2009. The innovator's DNA. *Harvard Business Review*, 87 (12): 60-67.（日本語版は２０１６年９月号）

4　「運が良い」の陰には努力。青臭さを取り戻せ

戦略プロフェッショナルに描かれる主人公・広川洋一の成功には「運が良かった」という評価もあるでしょう。実際、この会社が立ち直った理由は非常に大きな潜在力を持った新製品があったからです。しかし、よく考えてみると優れた技術、製品を持ちながら没落していく企業は山のようにあります。シャープしかり、東芝しかり、一時期のソニーしかり。いったい何が違うのでしょうか？

例外はあるでしょうが、どの経営者も努力はしているのだと思います。しかし、おそらく2つの問題があります。1つは、「企業の目的」が曖昧になり、かつ戦略立案をアウトソー

スしていること。シャープが2期連続赤字になってから、5社ものコンサルティング会社を入れていたことは有名です。

そして、より深刻な問題は「自分は精いっぱいやっているんだ」と低いレベルで満足していることです。結果として、あとは専門家や現場に任せればよいと決めつけ、うまくいかないと他人のせいにする。プロ野球オリックスの宮内義彦オーナーが「キャンプは順調です」と聞いて、「去年最下位だったチームが順調というのは、今年もまた最下位ということだ」と指摘したそうですが、まさにそういうことです。

「運が良い」と言われる人、企業は、その運を生かす努力をしています。しかし、その努力は多くの場合見えない。成功者は「当たり前のことをやっただけ」というのですが、失敗し続けている経営者はそこで指摘される「当たり前」のレベルが自分と違うことがわからないのです。

「努力」、あまりにもありきたりでしょうか？　「日本のビジネスマンの多くはいま、熱くなることを忘れている。『論理性』と『熱き心』の結合、それがいま日本のビジネスマンに最も求められていることではないか」というエンディングメッセージは、まさにそうした「青臭い原理原則」の重要性を問うているのではないかと思うのです。

カンを軽視するな

戦略理論の重要性から始め、データに基づいた理論的な戦略立案の重要性を説く三枝匡氏ですが、実は「カン」の重要性についても触れています。そして、「コンサルタントの人がそんなことを言うのはおかしくないですか？」という質問を受けながら「特に声を大にして言いたい」と前置きをした上で、

> 企業の中で「うまく説明できないけれどもこの先何かある」といった感覚を簡単に殺してはならない。

と強調するのです。本書で三枝氏が指摘するのは、経営のカンは「後天的」に養われるものであり、それは多くの失敗の（疑似）体験を通じて、因果律のデータベースを増やすということです。当然ですが、失敗しても他人（あるいはコンサルタント）のせいにしたり、そも

そも目的が曖昧で失敗したのか成功したのかよくわからなかったりという状態では、因果律もカンも磨かれるはずはありません。

「当たり前のこと」にもレベルの違い

他の人にできなかった再建をなぜ三枝氏ができたのか？　そこから我々は何を学ぶことができるか？　もちろん、三枝氏がとびきり優秀であることは間違いありません。しかし、「カン」についてもそうですが、多くは生まれつきというより、彼が後天的に学んだことが多いように思われます。

それでは「学ぶ人」と「学べない人」は何が違うのか？　いや優秀かどうかだ、という話はあるのですが、これも「運」と同じで、優秀なのに学べない、あるいは経営できずに社員を不幸にしてしまう経営者がいるのが現実です。

それは、ここまででいいという「基準」、目線の違いではないかというのが私の意見です（注3）。『ザ・会社改造』で「ジャンプが人生の学びを極大化する」と言う三枝氏の指摘と同じです。結局できる人ができても、成長でも学びでもなんでもない。できない、無理かもしれないことに挑戦し、仮に達成できてもさらに上を目指していく気概があるかどうかではないかと思うのです。

その意味で、成功した経営者（あるいはスポーツ選手）が「当たり前のことを、当たり前にやっただけです」としばしば答えるのは、非常に深いものがあります。目に見えるアクションばかりにスポットライトが当たりがちですが、実は何をもって「当たり前」と思っているかは見えないですし、本人は「当然」と思っているのでそこには触れない。しかし、その部分こそが大きな違いを生み出すのではないでしょうか。

「もっと上」を目指す勇気を持つ

例えば2017年元旦の日本経済新聞コラム「私の履歴書」で、カルロス・ゴーン氏は月の3分の1ずつを日本、フランス、第三国で過ごし分刻みのスケジュールで動きながら、「こんなことはグローバル化の時代に多くの経営者に求められる」当たり前のことだと書いています。

その意味で、図で示したように「実践的戦略プロフェッショナル」を目指す人々、リーダ

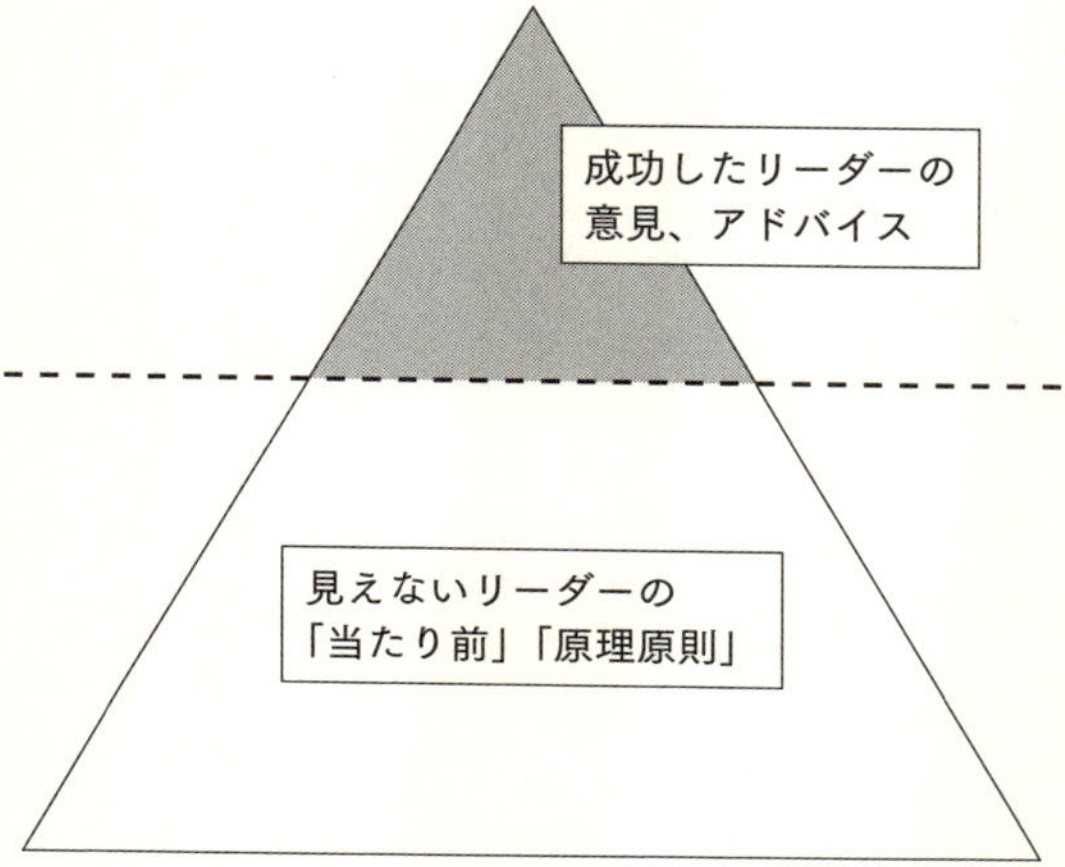

ーを目指すべき人々は、世の中で語られる「すごい話」だけではなく、自分が持つ「基準」がどこにあり、本書が繰り返し指摘する「戦略の基本原則」をきちんと理解し、さらには自社にあった形で展開・応用できているかという「見えない当たり前」をもう一度見直してみることが大切なのではないかと思います。

「20歳代でたくさん恥をかき、30歳代で一度は自信過剰になって失敗し、40歳代では謙虚に努力して、50歳代で花開く」というこれまでの日本ビジネスマンの成功パターンを、よりグローバルな世界で加速しながら実現するためには、高いレベルの「当たり前」を「熱い心」で追求する勇気が必要だと思うのです。

（注3）さらに興味のある方は清水勝彦著『リーダーの基準』（2017年、日経BP社）、『あなたの会社が理不尽な理由』（2016年、日経BP社）をご覧ください。

2

『ワーク・シフト』

リンダ・グラットン著（邦訳・プレジデント社、2012年）

――明るい未来を切り開くためのシフトチェンジ

岸田雅裕（A・T・カーニー）

1 今こそ、仕事への意識を変える必要

『ワーク・シフト』は2011年に出版され（邦訳版は2012年に出版）、世界的ベストセラーになりました。著者であるロンドン・ビジネススクール教授のリンダ・グラットン氏は働き方の未来にとりわけ大きな影響を及ぼす5つの要因として「テクノロジーの進化」「グローバル化の進展」「人口構成の変化と長寿化」「社会の変化」「エネルギー・環境問題の深刻化」を挙げ、2025年を想定した働き方を示唆しています。

私が特に注目したのは「仕事のやり方に変化が起きるとき、その中核には必ずエネルギーの変化がある」「イギリス人の仕事のあり方に本当のシフト（転換）が起きたのは、19世紀の中盤～後半の第2次産業革命の時代だ」という部分です。

ドイツが推進するインダストリー4・0（第4次産業革命）はそもそも製造業の高度化を目指す国家プロジェクトですが、今や北米や日本でもその考え方が広まっています。本書は「今回はコンピュータのデータ処理能力が新しいエネルギーだ」と指摘。産業革命は消費や

富の獲得への強い要求を生み出しましたが、テクノロジーの進化とグローバル化の進展は私たちの仕事に対する意識をどう変えるのかと問題提起しています。

本書が出版されてから今日にいたる7年の間にテロの脅威やポピュリズムの台頭などグローバル社会のひずみが生じてきています。著者の鋭いところは、「トーマス・フリードマンは著書『フラット化する世界』で世界がフラット（平たん）になりつつあると主張したが、むしろ世界はデコボコになっていく」と、グローバル化に警鐘を鳴らした点です。さらにトロント大学の都市経済学者リチャード・フロリダ氏の「ごく一握りの地域が世界経済のけん引役になる。高い能力をもった人材が一部の土地に集中する傾向が強まる」という意見も紹介しています。

世界がグローバル化から島国化へ向かっている中、我々も働き方、ひいては社会との関わりをいま一度見直す必要があるのです。

一度手にした個人の自由をわれわれは簡単に手放さない

2016年後半、最も世界を驚かせたのは、ドナルド・トランプ氏が米国の新大統領に選出されたことではないでしょうか。オンラインメディアのみならず、新聞やテレビなどのいわゆる従来型マスメディアまでがトランプ氏のツイッターの投稿に振り回されました。そんな様子を私は、ちょっと距離を置いて眺めていました。私自身、米国にルーツを持つ企業の経営者ですので、もちろん米国の知人や同僚たちの懸念の声はいろいろ聞こえてきましたが、未来のシナリオについて考察するいい機会ではないかと思いました。

われわれが今向かっている、あるいは真っただ中にいるインダストリー4・0のエネルギーは、テクノロジーです。その代表的で最も身近なものの一つであるインターネットを通じて、個人が（玉石混交とは言え）自らの意見を世界に発信し、共有することが容易にできるようになりました。ポピュリズムが台頭し、「島国化」を唱える極右勢力により個人を内向きに封じ込める方向に世界が動いたとしても、一度手にした個人の自由をわれわれは簡単に手放すのでしょうか？

たとえば米国の場合、保護貿易主義に傾いたところで、一時的に白人労働者層の留飲を下げることはできても、自らの高い人件費によりコスト高となる商品やサービスが価格に反映されることになれば、彼らの暮らしは今よりもっと悪化するでしょう。短期的にバブル景気を迎えたとしてもすぐに破綻すると思われ、トランプ政権の経済政策「トランポノミクス」は結局うまくいかないのでは、と考えています。つまり少々のセットバックはあっても、長期的にはテクノロジーを武器に、これまでの企業や国といった境界を越えてつながってきた国際社会において、個人の力が発揮できる方向は変わらないように思うのです。

次に来る時代の波、「ギグエコノミー」

さて、本稿のテーマである「働き方」に話しを戻しますと、テクノロジーの進化が「働き方」を変える、というのはまさに本書の中で述べられているとおりですが、働き手であるわれわれ自身も考え方を変えていかなければなりません。日本でもＩＴ（情報技術）業界などではリモートワークや超フレックスタイムを導入する企業が出てき始めました。過労死が社会問題化するなか、次に来る波はワークシェアリングや、ギグエコノミーでしょう。「ギグ（gig）」については後ほど事例を挙げて説明します。

「終身雇用だから、よっぽどのミスをしない限り安泰。皆いっしょに会社に出社して働き、残業もいとわない」という、戦後、日本が一億総中流社会を目指してつくりあげられたひな型が常識ではなくなるかもしれません。

欧米の例ですが、コンサルティング業界においてもその変化の風は吹き始めています。英経済紙フィナンシャル・タイムズ（FT）によれば、英国で現役および元コンサルタント359人にアンケートを行ったところ、7割以上が今後、独立自営業のコンサルタントは増えるだろうと回答したそうです。興味深いのは、ここでいう「コンサルタント」とは、いわゆる怪しいたぐいの自称コンサルタントではなく、大手経営コンサルティングファーム出身の「経営コンサルタント」を意味している点です。

経営コンサルタントは、医師や弁護士、会計士らと違い国家資格を必要とする職種ではありませんが、それぞれ組織改革や金融などの専門領域を持ち、百戦錬磨の経験を積んでいます。成果を出してこそ、顧客から信頼されるアドバイザーとして高い報酬を得るわけですから、高度専門職として誇りを持って仕事をしているのです。

組織に縛られず、自分の意思でON・OFFと切り替える柔軟性

同紙の記事では、このように大手経営コンサルティングファームから独立した自営業のコ

ンサルタントを「ギグコンサルタント」と呼んでいます。「ギグ」とは主に音楽業界で用いられる言葉で、定期的にではなく一度だけ行われるコンサートなどを指します。このギグコンサルタントとしての「働き方」の特徴は、組織に縛られず、プロジェクトの規模の大小にこだわらず、仕事のたびにスイッチを自分の意思でON・OFFと切り替えること。その柔軟性が、フリーランスとして収入が不安定であることを差し引いたとしても若い世代の間で魅力的なのだそうです。

英国国家統計局の推定によると、現在英国ではおよそ480万人（労働人口合計の15・1％）が自営業者で、2010年の400万人から増加しています。米国でも、15年には労働者の15・8％がフリーランスや臨時職員という雇用形態で従事しており、05年4月の10・1％よりも増加しています。

日本では政府が「働き方改革」として正社員の副業や兼業を後押ししており、2018年1月には、企業が就業規則を定める際に参照する厚生労働省の「モデル就業規則」を改定しました。労働者の遵守事項の「許可なく他の会社等の業務に従事しないこと。」という規定を削除し、副業・兼業について規定を新設しました。

個人が以前よりもたやすく自らのスキルを収益化できる半面、多くの国では被雇用者や福祉給付金はいまだ伝統的な雇用者（正社員）としての地位と結び付けられているのが課題となっていることも付け加えておきましょう。

2 暗い未来を変えるために新しい能力獲得が不可欠

本書では、2025年の未来予想図として世界各国で様々な職に就く若者たちのストーリーが語られています。

ロンドンの多国籍企業に勤めるビジネスマンは「いつも時間に追われ続ける未来」を、カイロのフリーランスのプログラマーは「孤独にさいなまれる未来」を体現する架空の人物として描かれています。彼らは一見すると、時差をいとわずに海外の顧客や同僚と仕事をこなすグローバルプロフェッショナルです。

日本でもバブル期には羨望の存在だったはずです。近未来、テクノロジーの進展で通勤や出張をする必要がなくなり、時間に余裕のある生活となるはずが、細切れの時間に追われ、生身の人間と接する機会が減ってしまった寂しい日々を送ることになるとは……。

さらに、先進国に住みながらも急速にグローバル化する人材市場から取り残され新たな下層階級の一員になってしまった米国の若者は、「繁栄から締め出された新しい貧困層」の象徴として描かれています。創造性が高く専門技能への需要がある上層階級との対比として、ロボットや人工知能（AI）に取って代わられる可能性の高い単純作業従事者の暗い未来予想図です。

これが一昔前なら、PTAの役員をしたり、地元の教会で歌を歌ったり、地域のコミュニティーに深く関わることで個人の社会的地位はそれほど問題ではなかったかもしれません。緊密なコミュニティーでは様々な社会的地位の人たちがごく自然に混ざり合っていたからです。しかし、見知らぬ者同士の関係では個人を特徴づけるに当たり社会的地位・評価が果たす役割が大きくなるのです。

英紙タイムズの選ぶ「世界のトップビジネス思想家15人」の一人でもある著者は、「暗い未来を避けるために私たちが取れる行動はあるのか？　暗い未来のシナリオを書き換えるためには様々なことを試し、対抗策を取ること、そして厳しい選択をおこない、新しい能力を身につけることが不可欠だ」と記しています。

〈ケーススタディ〉私の場合

本書の中では「格差社会」や「新たな下層階級」など、なかなか辛辣な言葉を用いていますが、昔の階級社会やカースト制度のような不条理な世界ではなく、自らの力で抜け出せるのです。

これまでは、ビジネス上の競合といえば国内の同業他社のみを意識していればよかったのですが、今日、グローバル化の進展で世界中の同業のほか（テクノロジーとイノベーションの功罪でもありますが）異業種もライバルになりえる時代です。これは個人にも言えることで、業界や国境という垣根が取り払われた場合、自分と同じような能力や経験を持った人材が数多く存在するということです。そこで、（いい意味で）差別化を図るために必要となってくるのが、本書の中で「セルフマーケティング」と呼ぶところのセルフブランディングです。

では、セルフブランディングするには何をどう始めたらいいのか？　残念ながら誰にでも適応する参考書やノウハウはありませんが、私自身の三十余年の職業人生を振り返ってみると、知らず知らずのうちにセルフブランディングが形成できていたのかも、と思える節がありますので、ここで「ケーススタディ」としてご紹介します。

「就社」ではなく「就職」、安定性より好きなこと

私は子供の頃から団体行動が苦手で、学生時代は部活にも入らないような天邪鬼でした。大学卒業を控えた就職活動の際も、いわゆる大手企業を避け、同級生たちとは違う道を選びました。日本経済史の講義で「企業の寿命は30年」と耳にしたのがとても納得のいくものだったので、終身雇用や年功序列はいずれなくなる、「就社」ではなく「就職」しよう、と心に決めたのです。

一生ひとつの会社に勤めるという安定性は求めませんでした。自分が好きなこと、やりたいことを考えた末、マーケティングやブランディングに興味がありましたので、新卒で就職したのはファッションビルを運営する「パルコ」でした。イベントプロデューサーとして広告・宣伝など広範なマーケティング活動にかかわる仕事でした。パルコのビジネスパートナ

ーであるテナントは大手ファッションブランドから個人商店主まで様々なうえ、イベントの際には一筋縄ではいかない（常識を超えた感性を持った）芸術家との交渉も必要だったため、ある意味で多様性を身を持って学びました。

当時はまだ社員数も多くなかったので、若手にもかかわらず多額の予算と大きな責任を持たされましたが、それなりに失敗もしました。自由闊達な企業風土の中でトライ＆エラーが許されたのは貴重な経験でしたし、そのような機会を与えてもらったことに今も感謝しています。

パルコはデベロッパーとして街づくりも担っており、バブル時代には海外での仕事にも携わるようになりました。現地のパートナー企業との折衝の中で、日本人は情緒的に『落としどころ』を探るが欧米人は論理的に意思決定する、という違いを目の当たりにしました。論理的な意思決定のプロセスを追求したくなり、また「就社」ではない「就職」の次のステップのため、年齢的には30代になっていましたが、一念発起し、妻をともない米国へMBA（経営学修士）留学する決心をしました。

同調の圧に流されず、自分を決め付けず

ＭＢＡ取得後、日本に戻り外資系の経営コンサルティングファームに入社、35歳にして経営コンサルタントとして新たなキャリアを歩むことになりました。「パルコ出身」という経歴がよほど異色なのか、自己紹介のたびに驚かれたものですが、パルコ＝斬新な広告で流行を生み出すというイメージからか、「岸田はマーケティングやブランディングにたけている」というイメージを持たれました。そのおかげで、自動車メーカーのプレミアムブランド戦略プロジェクトにかかわることになり、次第に自動車関連業界の経営コンサルティングの仕事が増えました。

同様に、ファッションブランドの経営コンサルティングや消費財メーカーの商品開発などにも関わるようになりました。一見、無関係に思える「パルコ」と企業の経営コンサルティングが、自分の職業人生においては「マーケティングとブランド戦略」を幹とした枝葉の一部となっているのです。他人と違うからといって同調の圧に流されないことが「幹」をつくり、自分をこういう人間だと決め付けないことで「枝葉」となる様々な分野に挑戦してきました。

まるで、「わらしべ長者」のように機会に恵まれてきたわけですが、もちろん、それに応えるべくアンテナを張り巡らせて研さんしてきたのは言うまでもありません。

3 チャンスの可能性を広げる

本書の前半で2025年の「暗い未来のシナリオ」を描いた著者は、「ピンチは常にチャンスと表裏一体の関係にある」とも述べています。世界の50億もの人々がインターネットを通じて結びつき、皆で力を合わせて難しい課題に取り組む時代がやってくる可能性もある、のです。

本書の第3部「『主体的に築く未来』の明るい日々」に登場する人物たちも三者三様です。まず、ミレニアル世代（1980年代後半以降生まれ）で交通渋滞問題に取り組む活動家のブラジル人。そして、Y世代（70年代後半以降生まれ）でワークライフバランスの「ライフ」を充実させる生き方を選び、バングラデシュでの社会貢献活動に情熱と時間を注ぐ米国人夫妻。

3つ目のストーリーの主人公はX世代（60年以降生まれ）の中国人女性です。彼女の子供時代がちょうど文化大革命（66〜76年）で、十分な教育は受けられなかったものの、中国の経済成長とグローバル化、テクノロジーの進展の波に乗り、2025年にはミニ起業家として成功している、という設定です。

特に3つ目のストーリーは1981年生まれの娘と大学生の孫娘がいる設定で、3世代にわたる女性たちの社会的立場の変遷や物事に対する考え方の違いは、90年代に世界的ベストセラーとなった『ワイルド・スワン』をほうふつとさせます。

ここで紹介されている架空の人物たちに共通しているのは、「思考の余剰」を手にした世界中の仲間たちとコラボレーションしていることです。これまでは地域や学校、職場など小さなコミュニティーで完結していた共同作業が、新しいテクノロジーのおかげで、オンライン上で大勢の人間がつながり、国境を越え、低コストでイノベーションを成し遂げる方法さえ模索できるのです。

また、本書の全章を通し、登場する架空の人物の居住地が欧米の先進国のみならずアジアや中東であることも、多様な未来の可能性を示唆しています。

日本の競争力を左右する3つの既得権益

昨今、ポリティカル・コレクトネス（Political correctness）という言葉をよく聞きますが、これは政治的・社会的に公正・公平で、なおかつ差別・偏見が含まれていない、という意味です。

企業の社会的責任（CSR）の取り組みの一つとして、多様性の受容（ダイバーシティ＆インクルージョン）が推進されていますが、いまも「島国ゆえ単一民族」という思い込みが根強いせいか、日本のカイシャではまだまだ普及しているとはいえません。私自身、伝統的な日本の大企業に勤めたことがないので、ある意味、日本のカイシャ社会においてはアウトサイダーですが、「年功序列、男性優位、プロパー（生え抜き）社員優遇」という3つの既得権が変わらない限り、日本に「多様性」は根付かず、世界の中での競争力を失っていくのではないかと危惧しています。

２０１６年秋に、森記念財団都市戦略研究所が発表したCity Perception Survey（都市のイメージ調査）によると、都市ランキング1位のロンドンと2位のニューヨークでは、街を表すキーワードの一つに「ＤＩＶＥＲＳＥ／多様性」が挙げられているのに対し、3位の東京には「多様性」という言葉が見当たりません。

「世界がグローバル化しているから、若い世代は違うだろう」と思いたいところですが、デジタル・ネイティブと呼ばれ、物心ついたときからインターネット環境があり、ＳＮＳ（交流サイト）で世界とたやすくつながることができる10代、20代でさえも、画一的なはやりの髪形やファッションを身にまとうこと（つまり他の人と同じ格好をして同質化すること）がすてきで心地よいと思っている人たちが多いようですから、多様性が理解しづらいのは世代の差とは関係ないのでしょう。

多様性を尊重することは「倫理的にそうであるべきだ」というだけではなく、多様であることが経済的にも社会的にも、自分たちにとってもメリットがあるという実感があればもっと身近なことに思えるのかもしれません。

多様性を糧に進化する米国、日本はどうか

反グローバル、保護主義政策を掲げるトランプ政権の今後が気になるところですが、米国の強みは言うまでもなく多様性です。世界を席巻する米国のＩＴ（情報技術）企業の創始者

には移民が多く、例えばグーグルのセルゲイ・ブリンはモスクワ生まれのユダヤ系ロシア人、フェイスブックの共同設立者エドゥアルド・サベリンはブラジル出身、アップル社のスティーブ・ジョブズの実父がシリアからの留学生というのは有名な話です。イノベーションの代名詞ともいえる西海岸のシリコンバレーにはインドや中国出身の起業家が多いと言われています。

トランプ米大統領が就任早々、特定のイスラム圏の国々からの渡航者の入国を禁止した大統領令に対し、ワシントン州やハワイ州などの自治体や、多くのグローバル企業が、すぐに反意を表明したのは記憶に新しいところです。米国は常に多様性を糧に進化し続けているのです。

一方、日本の現状はどうでしょう?

前出の森記念財団の都市のイメージ調査で、東京をイメージする言葉で1番回答数が多かったのは「CROWDED/混雑した」でした。実は、ここに日本の社会が将来多様化するヒントがあるのではないか、と思うのです。

洋の東西を問わず、都市圏においては生活レベルや民族、宗教ごとに「住み分け」されていることが多いのですが、日本では混然一体としているように思えるのです。たしかに昔ながらの商店街や民家が立ち並ぶ地域に突然タワーマンションが建ったりするのは景観的に決して美しいとはいえません。近所の商店街の酒販店がいつのまにかコンビニエンスストアになってしまったり、書店や喫茶店が消えチェーン店のカフェになってしまったりするのは寂しいものです。しかし、「外国人のお客さんが増えたので要望に応えないと」とビーツやケールといった見慣れない野菜を店頭に置き始めた近所の青果店にたくましさを感じ、深夜のコンビニでたどたどしい日本語ながら笑顔で対応している外国人の店員さんを見ては多様性の兆しを感じ、ほほ笑ましく思っています。

女性の働き方改革に期待

さて、「働き方」に話しを戻しますと、2016年、国家戦略特別区域において家事支援外国人受け入れ事業が始まりました。この先、家事代行や介護に携わる外国人が増えることに、私は日本社会の変化と女性の働き方改革への期待を抱いています。なぜなら、結婚・出産・育児のために仕事をやめてしまう日本女性が少なくないという現実が今もあるからです。

経済協力開発機構（OECD）の調査によれば、日本の25〜54歳の女性就業率は約7割。2016年時点で加盟国34カ国中23位と低水準で、専業主婦の割合が先進国の中でも高いと推測されます。女性、特に育児世代の社会進出が阻まれる要素が子育てによるものであり、行政が保育園などの受け入れ態勢をなかなか整えられないのだとすれば、企業に海外の優秀な人材を取り込む「高度専門職ビザの緩和」とは別の次元で、子育てや介護のため、仕事をあきらめざるをえない優秀な人材を社会にとどめておくために、外国人による家事支援を国や企業が推奨するのは現実的な選択肢の一つと思うのです。

欧米式を礼賛するわけではありませんが、Nanny（乳母）やベビーシッター、メイドを専門職とする人たちがいて、皆が適材適所で社会に貢献できているシステムを日本も取り入れるほうがいいに違いありません。家事や育児、介護など家族の面倒を見るのは女性の役割である、という考えを変えて、プロ（専門職）の手を借りてみることで、ストレスが軽減し、職務をまっとうできるなら、個人にとっても社会にとってもウィンウィンだと思うのです。

4 誇りある人生を送るには――豊富な人的ネットワークがカギに

著者は、明るい未来を切り開くためには次の3つのシフトが必要だと説いています。①ゼネラリストから「連続スペシャリスト」へ、②孤独な競争から「協力して起こすイノベーション」へ、③大量消費から「情熱を傾けられる経験」へ。

①のゼネラリストからの脱却は、ある意味で産業革命以前の職人仕事の時代への回帰ともとれますが、仕事内容が複雑化した現代においては他の人たちの高度な専門技術と知識を活かすために人的ネットワークを築きあげることが必要になります。大勢の多様な人たちと接点を持ち、様々なアイデアや発想に触れれば、おのずと自分の得意分野が見えてくるはずです。自分の専門技能を十分に高めた後、隣接分野に移動したり、全く新しい分野に『脱皮』したりすることが「専門技能の連続的習得」につながるのです。

②の協業について、著者は3種類の人的ネットワークが必要と説いています。自分と同様の専門技能の持ち主で構成される少人数ブレーン集団（ポッセ）、自分と違うタイプの多様

性に富むコミュニティー（ビッグ・クラウド）、生活の質を高め心の幸福を感じるための「自己再生のコミュニティー」です。

③のシフトは、大量消費主義を脱却し、家庭や趣味、社会貢献などの面で創造的経験をすることを重んじる生き方に転換することです。本書では一般企業から非営利団体に転職し、収入は下がったもののお金以上のやりがいや幸福感を得た人が紹介されていますが、これは誰にでもあてはまるわけではありません。

現実的に日本はまだ正社員以外の働き方は困難を伴います。そこで、例えば今の職場にいながらでも、仕事に集中する時期、専門技能や知識を習得する時期、まとまった期間仕事を離れてリフレッシュしたりする時期をモザイクのように織り交ぜる。そうすることで、自分を磨き、社会に求められる存在としてワークライフバランスの取れた誇りある人生を送れるでしょう。

固定観念を問い直し、常識をシフトする

明るい未来を切り開くためのシフト・チェンジとは、決して新しいコンセプトではなく、

むしろ温故知新。洋の東西を問わず、産業革命前には農業なり鍛冶なり商人なり、皆スペシャリストとして自らの職業についての知識と経験を積み、ご近所同士助け合うのは普通に行われていた人間の営みであったはずです。テクノロジーの進展と、何より人間の寿命が延び職業人生が長くなったこと、グローバル化により社会が複雑になったことで、昔のようには暮らせませんが、「人生や働き方についても見直しませんか？」ということに終始すると思います。

まずは固定観念を問い直し、従来の常識をシフトしてみましょう。

「第一に、ゼネラリスト的な技能を尊ぶ常識を問い直すべきだ」

ゼネラリストを説明するには、戦後、終身雇用制とともに定着した現代の日本の一般的な会社員の形態がまさにあてはまると思います。第2次世界大戦後、特に高度経済成長期には労働力が不足しました。産業や生産の拠点である大都市に地方から若者を呼び寄せるということは、単に働き口をあっせんするだけではなく、彼らの人生を長期にわたって担保することでもありました。

職務経験のない卒業したての学生を、採用後に長期雇用を見据えて「会社員」として広く浅く教育し、社内あるいはグループ会社内の様々な部署を経験させ、年功序列で自動的に昇進させ、定年までまっとうさせるというものです。

例えば、営業と総務では業務に必要なスキルは全く異なります。2～3年ごとに異動させられ、そのたびに職種が違っては、「自分の勤める会社」については詳しくなったとしても、専門職としてのスキルはなかなか高められません。職業を聞かれて「会社員としか答えようがない」というのはまだかわいい方で、私の知人の企業経営者は、中途採用者を面接した際に「部長ができます」と臆面もなく答えた大手企業出身の男性に出くわしたことがあるそうです。終身雇用制はすでに崩壊している、とまでは申しませんが、もはや〇〇会社に勤めている、ということよりも自分の職種や職務内容を明確にするほうが、プロのビジネスマンとしてはふさわしいでしょう。

２０１７年1月には、官僚の組織的な天下りが問題となりました。昇進コースから外れ早期退職することになった、あるいは定年を迎えたが、誰かがその後の面倒を見てくれないと自分では職探しもできないということが背景にあると思います。官僚になるために猛勉強して有名大学に入り、国家試験に受かり、お国のために身を粉にして働いた優秀なゼネラリストたちの行く末がこうとは、情けない話です。

「第二に、職業生活とキャリアを成功させる土台が個人主義と競争原理であるという常識を問い直すべきだ」

受験、就職と、われわれ現代人は人生の節目においていくつかの「競争」を経験してきました。同じ年ごろの人たちと同じ問題を解き、正解率の高い者が選ばれるというプロセスが、個人主義と競争原理を加速させているのかもしれません。核家族化し、祖父母や兄弟がいないか少ない環境で育ったので、独りでいることに慣れてしまっているのかもしれません。テクノロジーの功罪でもありますが、わからないことはネットで調べればいいし、退屈ならゲームで時間を潰すことができます。

2016年、インターネット上にまん延するFake News（誰かが意図的に流布したうその情報）が話題になりました。これは決して海外だけで起こっている出来事ではなく、熊本地震の際に「動物園から逃げ出したライオンが街を徘徊《はいかい》している」というデマをツイッターで発信・拡散した人が逮捕されるということがありました。

またがん治療など医療に関する不正確な情報を掲載していたウェブサイトが閉鎖され、その運営会社が責任を問われたのも記憶に新しいところです。このようにオンラインの情報はまさに玉石混交です。情報社会に生きるわれわれは、その情報が正しく信頼できるものか否かを見極める「目」を持つことが大事です。ではその「目」を養うにはどうすればよいのでしょうか？　答えは簡単です。極めてアナログですが、多くの人と知り合い、お互いに顔の見える関係になって知見を共有し、「これは○○さんが詳しいはずだから聞いてみよう」など自らの「データベース」を構築することです。もちろん、自分が誰かに信頼され、知見を提供できるように自分磨きが必要です。

「第三に、どういう職業人生が幸せかという常識を問い直すべきだ」

本書では、「大量のモノを消費し続ける」のではなく「質の高い経験と人生のバランスを重んじる姿勢に転換する」と記されていますが、私はストリート・リベラル・アーツ（造語）が重要だと考えています。リベラル・アーツとは何ぞやというご託はここでは割愛しますが、本やネットの誰かの情報をうのみにするのではなく、「なぜ」そうなのかを自ら考え、模索し、人に聞いてみたり、興味の対象を広げて調べたり、体験してみることが、生活や人生を豊かなものにし、自分の価値を高めることにつながるのだと思います。

3

『採用基準』

伊賀泰代著（ダイヤモンド社、2012年）

――リーダーシップが自分の人生を切り開く

大海太郎（ウイリス・タワーズワトソン・グループ　タワーズワトソン）

1 グローバルに求められる資質とは

『採用基準』の著者である伊賀泰代氏はマッキンゼー・アンド・カンパニーの日本支社で10年以上コンサルタントの採用を担当していました。そのような経歴の人が書かれた本ですので、マッキンゼーへの就職や転職に関心のある大学生や若手ビジネスマンには非常に興味深い内容となっています。

しかし、本書を取り上げたのはそうした読者のためだけではありません。本書の内容が（マッキンゼーや外資系コンサルティングファーム以外で）就職が間近な学生や、既に活躍されている中堅のビジネスマン、そしてグローバルに一段の発展・成長を目指している企業の経営者にも示唆に富んでいるからです。

著者はグローバルに求められる資質に関して、マッキンゼーが求める人材は今の日本社会が必要としている人材と全く同じだと認識しています。

したがって、本書で著者が目指したのは「これからの時代にグローバルビジネスの前線で求められるのは、どのような資質をもった人なのか」という点、並びに「日本ではなぜそれらの資質が正しく理解されていないのか」という根本的な原因を究明することだと述べています。

さらに多くの人がリーダーシップを身につけることが、個人と日本の社会にどのような意味をもたらすかについても明らかにするとしています。

マッキンゼーの採用基準は①リーダーシップがある、②地頭がいい、③英語ができる——の3つだそうです。この中で、日本では①と③が絶望的に欠けています。特に問題なのは、英語力に関してはそれなりに危機感が持たれているのに対して「リーダーシップの欠如」に関しては問題意識さえ欠落しているという点です。

本書を通じて、現在求められている人材は「グローバルリーダーとして活躍できる人」であり、リーダーシップは全員が持つべきであるにも関わらず、日本で圧倒的に不足していると著者は訴えています。

採用基準に関する大きな誤解

伊賀氏は本書の中で、マッキンゼーへの応募者と採用する側の採用基準に関する食い違いについて詳細に紹介しています。自分自身が外資系コンサルティングファームにおいて採用面接を日々行っていて感じていることと共通する点が多々ありますので、その代表的な食い違いとその背景について述べたいと思います。これらは、グローバル企業において求められている資質で、往々にして日本の応募者に欠落していたり、理解されていなかったりするものということになります。

〈ケース面接に関する誤解〉

コンサルティングファームの面接ではケース問題が出されることがあります。日本ではコンサルティングファームにおける特有な面接手法であるせいか、コンサルティング業界志望者はケース問題について熱心に研究し、準備してきます。問題は、応募者がこの面接によって何を見られているのかについて、正しく理解していないか誤解していることです。

応募者は「正しい答え」にたどり着くことに必死になりがちです。しかし、「正しい答え」を出すことは全く重要ではありません。そもそも多くの場合、「正しい答え」などありません。

なによりも面接担当者が知りたいのは、「その候補者がどれほど考えることが好きか」、そして「どんな考え方をする人なのか」という点です。応募者の中にはさまざまなケース問題の解き方を研究し、解法を覚えてくる人がいます。しかし、「頭の中から、解法という知識を取り出すこと」と「考えること」はまったく異なる行為です。コンサルタントは自分の頭で「考えること」を最も求められるのです。そして、これはコンサルティングファームや外資系企業に限らず、多くの日本のホワイトカラーに必要とされることだと思います。

〈「地頭信仰」が招く誤解〉

地頭信仰というのは、「頭さえよければコンサルティングファームに入ることができる」という誤解です。もちろん、頭がいいに越したことはないのですが、それだけで仕事ができるわけではないのは、他の業界でもコンサルティング業界でも一緒です。

コンサルタントはまずはクライアントから悩みや課題を相談してもらえるようにコミュニ

ケーションが取れなくてはいけませんし、信頼してもらう必要があります。実際の課題解決にあたっては多くの人を巻き込んで、場合によってはしんどいことをやってもらわなくてはなりません。こういったことを成し遂げるには、頭のよさだけではなく、人間関係の構築や深耕、強靭《きょうじん》な精神力やポジティブな姿勢、粘り強さ、リーダーシップといった多様な資質が求められるのです。

〈優秀な日本人を求めているという誤解〉

多くの外資系企業の共通の悩みが、グローバルな採用基準を適用した時、日本での採用が極めて困難だという点です。日本のように大きな市場では、条件の中に日本語ができるというのも入るのですが、これは必ずしも日本人を意味しているわけではありません。あくまでも基準に合致した優秀な「人材」を求めているのであって、優秀な「日本人」を求めているわけではないのです。

これからも日本人の英語力やリーダーシップが高まらなければ（＝日本社会がそういった人材を育てることを重要だと思わないのであれば）、マッキンゼーに限らず、外資系企業が雇う人材が、日本語と英語ができるアジア人ばかりになっても、残念ながらまったく不思議ではありません。

2 リーダーシップは、高い成果目標達成に必要

外資系企業の多くでは、全ての社員に高いレベルのリーダーシップを求めます。一方、日本ではリーダーシップについて問われる機会はごく限定的で、中には30歳前後になっても「今までに一度も問われたことがない」という人さえいます。

日本人の多くは、「リーダーは1つの組織に1人か2人いればいいもの」と考えています。このため、「なぜ外資系企業や欧米の大学では、採用面接や大学入試において全員にリーダーシップを求めるのか」「メンバー全員が強いリーダーシップを持っていたら、チーム全体としてはうまく動かないのではないか」と不思議がられます。

この質問に対する著者の答えは明快です。全員がリーダーシップを持つ組織は、一部の人だけがリーダーシップを持つ組織より、圧倒的に高い成果を出しやすいのです。

リーダーシップほど欧米と日本での理解のされ方が異なる概念も珍しいと著者は言います。欧米の企業や大学の大半は、リーダーシップを社員や学生が持つべき最も重要な資質の一つと考えています。それに対して日本では、リーダーシップをネガティブなイメージでとらえ、「自分の意見ばかり主張する強引な人」「他人に指示ばかりして、自分は手を動かさない人」などと解釈されることさえあります。

この違いはどこから来るのでしょうか。実はリーダーシップを考えるとき、常にセットで考える必要があるのが「成果主義」なのです。日本では成果が最優先されない場合が多いのです。時にビジネスの現場でさえ、成果より組織の和が優先されることがあります。

高い成果目標がチームに課されたとき、初めてリーダーシップは必要とされます。つまり、何かを達成したり、問題を解決したりするために必要なものがリーダーシップなのです。そして、成果が厳しく求められない状況が多いからこそ、日本ではリーダーシップが問われることが少ないのです。

「リーダーはごく一部の上の人」という時代は終わった

日本が1990年代以降低迷している理由は、高度成長期とは環境が大きく変化したにも関わらず、高度成長期に最適であったモデルから転換できないことが挙げられます。リーダーシップについても、この点が当てはまります。

国や企業の目指す方向が明快だった高度成長期に、日本の多くの組織で中央集権的な体制が確立されました。中央集権体制では〝お上〟の言うことを従順に聞き、言われたままに実行する優秀なオペレーターが多数いるというあり方が適しています。結果として、日本では「リーダーはごく一部の上の人で、他の大多数は上の人の言いつけを忠実に実行する」と理解されてきたのです。

ただし、現在はもうそのような状況ではなく、ニーズも多様になっています。そのような時に大きな組織のごく一部のトップが方向を決定し、多様なニーズに応えていくのは無理です。必要とされるリーダーが飛躍的に多くなるのです。

組織における問題解決や目標達成のためには、他者を巻き込んで物事を変えていく必要があります。その際に不可欠なのがリーダーシップなのです。

就職に関して大学生から相談を受けることがあるのですが、その際に「自分には（在学中に）何かビジネスを立ち上げたりした経験もないので、何も実績として訴えられません」と悩んでいるケースがあります。しかし、いろいろと話を聞いていくと、部活で練習方法を工夫して部の成績を向上させたとか、アルバイト先でよりお客さんに喜んでもらおうと接客方法を改善し、お店の売り上げが上がったというような経験が出てきたりします。そういった経験を、リーダーシップを発揮した例として話したらどうでしょうと言うと、「そんなことでいいんですか」ときょとんとされたりします。

学生の時から起業して成功しているのであれば、そもそも就職しなくてもいいので、採用する企業も応募してくる学生にそのような実績を期待しているわけではありません。身近な例でいいので、具体的に目標達成のために周囲を巻き込んで何かを変えたとか、達成したというのが、まさにリーダーシップを発揮したということなのです。

会議で発言しなかったらバリューを発揮しなかったことになる

このように身近な場面で誰でも発揮でき、また発揮すべき資質がリーダーシップですが、残念ながら日本の大企業では上から下までリーダーシップが見られないケースが多々あります。最近「働き方改革」が取り沙汰されているように、多くの人は長時間一生懸命に働いています。長時間働くことで健康を害したりすることは論外ですが、むしろ問題なのは、働く時間の長さよりもその働き方、別の言い方をすれば「生産性」なのです。各自がやっていることが自分の所属する組織の成果にどのように結びつくのかという意識が希薄なのです。さらに言えば、そもそも目指すべき成果が明確になっていないことすらあります。

本書の中でも触れられていますが、私自身、マッキンゼーに入社して最初の社内会議で一言も発言しなかったところ、会議が終わってすぐにパートナーに呼ばれ「大海さん、会議で一言も発言しなかったら何のバリューも発揮しなかったことになります。それであれば、会議に出ずに席で仕事をしていてください」と言われ、カルチャーショックを受けました。日本の大企業から来た身としては、パートナーのような偉い人も出席する会議に初めて出席したら、まずはおとなしく様子を見るのが所作として当然と考えていたからです。入社早々、成果に対する意識の差を強烈に認識させられた場面でした。

結果として日本企業では、長時間一生懸命に働いていることが価値創造に結びつかず、「生産性」が低いままというのが現状なのです。伊賀氏はこのあたりの問題について、そのものずばりの『生産性』という著書も出版されていますので、興味がある方は是非こちらにも目を通してみてください。

3 目標を掲げ、決断を下す

それでは、リーダーが具体的になすべきことは何でしょうか。著者は4つのタスクを挙げます。

①目標を掲げる　まず求められるのは、チームが目指すべき成果目標を定義することであり、その目標はメンバーを十分に鼓舞できるものである必要があります。

②先頭を走る　最初の一人となるのは負担が大きく、その立場に自らを置くと決めることは勇気がいります。それでも「最初の一人になる」「先頭に立つ」ことをいとわないのがリーダーです。

③決める　リーダーとは「決める人」です。検討する人でも考える人でもありません。しかし日本企業には決めない人がたくさんいます。責任をとるのが怖いからでしょう。十分な情報がそろっているのなら、リーダーでなくても決断はできます。誠実で善良な人かもしれませんが、リーダーシップの欠如した人に率いられる組織は本当に災難です。

④伝える　リーダーの大切な仕事の1つがコミュニケーションです。言葉によって人を動かすことは必須となります。日本の組織や企業は長い間極めて同質的な人だけで構成されていたため説明責任や言葉の力を軽視しがちです。

目標を掲げ、先頭に立って進み、要所要所で決断を下し、常にメンバーに語り続ける、これがリーダーに求められている4つのタスクなのです。

このようなタスクを果たすリーダーですが、リーダーシップとはスキルであると同時にメンタルセットでもあると著者は言います。常に成果を問われる環境で働いていると、「今、自分のやっている仕事はどのような価値を生むのか」を強く意識するようになります。漫然と作業をすることがなくなり、価値を生まない作業はさっさと切り上げ、バリューの高い仕事に優先して取り組むようになります。これにより、リーダーが最も重視すべき成果の重要性や、それにこだわる姿勢をたたき込まれるのです。

今求められるのは「変化を起こす力のある人」

リーダーの4つのタスクについて、細かい点は別にして強い違和感を持たれることはないのではないかと思います。ただし、その内容や解釈については注意が必要です。例えば、「①目標を掲げる」はどんな目標でも良いというわけではありません。より高い成果を達成するために、高い目標である必要がありますし、チームメンバーを鼓舞できるものでなくてはなりません。自ら能動的に高いところを目指すことが求められており、与えられたものに対応するための受動的な目標では不十分です。

今求められているのは、変化への対応力が高い人ではなく、むしろ「変化を起こす力のある人」です。変わっていく社会に対応する力をもつ人ではなく、社会なり組織なりを自ら変えられる人という意味です。これは、「②先頭を走る」というタスクにも通じます。

「③決める」は、現在の日本企業で最も欠けているタスクではないでしょうか。日本でビジネスをしていて、日本企業と外資系企業の顕著な差を感じるのが、重要なミーティングの進め方です。その時の議題や内容にもよりますが、重要なミーティングであればあるほど外資系企業の場合には責任のある人、場合によってはトップが出席して、その場で次々と決定を下して、さらには担当者や実施期限まで決めていきます。

一方で、日本企業の場合、ミーティングの重要度に応じて人数が増えることはよくありますが、その場で決定がなされて物事が進展する度合いはむしろ低下していきます。そして、「それでは一度、持ち帰らせていただいて検討します」「一度内部でもんできます」といった決まり文句とともに議題は持ち越しとなるのです。これは前回も触れた日本社会の特質である「成果に対する意識の希薄さ」に由来するものであり、「生産性の低さ」の原因です。

「仕事」とは決めること。リスクを取らない「作業」ではない

十分な情報がそろっており、絶対に正解でない限り決定を下したくないというのは、後で責任を問われたくないということの裏返しです。その気持ちも理解できますが、そのような決定であれば、何も特別な偉い役職の人でなくとも誰でも下せるので、意味がありません。常に不十分な情報の中、これからどちらを目指すのか決めるというのがリーダーの役目なのです。そして、それはごく一部の人のみに求められている役目ではなく、日々の業務の中で大多数の人が果たすべき役目です。

２０１３年に書かれた英オックスフォード大学のオズボーン准教授の論文によれば、今後10～20年程度で現在の仕事のうち実に半数近くがコンピューターに取って代わられるとのことです。この中には、「判断」を要するようなクレジットアナリストといった知的労働も含まれています。

この論文がどこまで正しいかは別として、今後はこれまで以上にデータの収集や分析のみといった仕事では給料をもらえなくなるのは間違いありません。ホワイトカラーの「仕事」は決めることなのです。リスクを取らない「作業」をしているだけでは、報酬を得られない

のです。

マッキンゼーでは、若手コンサルタントも常に自分の立ち位置をはっきりさせ、自分の意見を明確に述べるよう求められます。常に自分の意見を明らかにするよう求められることで、「決断する」訓練がなされます。これはどのような仕事をしていても、実践できることです。是非、読者の皆さんも常に自分の意見を持ち、必要な時にはその場で「決断」できるようになってください。

4 人生を自分で切り開く

「リーダーシップを身につけることで何よりも変わるのは、当の個人のキャリアであり、生き方だ」と伊賀氏は言います。リーダーシップを身につけると、自分の仕事やライフスタイル、生き方のポリシーを既存の組織の器に合わせるのではなく、自分自身が実現したいと考える世界をストレートに追求できるようになります。これはリーダーシップを身につける最大のメリットと言えるでしょう。

著者はこれを「リーダーシップを発揮することは、自動車のハンドルを握ることと同じである。リーダーシップを身につければ、自身が人生のコントロールを握ることができる」と表現しています。自分で人生を切り開いていけるという自信が、社会の規範から逃れた自由な発想につながり、守られた場所から出ていくことをリスクだと感じなくなるのです。

日本の場合、雇用規制や終身雇用信奉もあり、効率的な人材配分市場が存在していないことが企業の変革を遅らせ新興企業の成長の阻害要因となっています。より多くの人がリーダーシップを身につけることで人材の流動性が高まります。マッチング機能をもった労働市場ができることで、時代の流れとともに役目を終えた産業から新しい産業へと人材が移動します。さらには斜陽化する産業に代わって新興企業が経済をけん引し始めることが期待できます。

そういった新しい世界に出ていけるのは、英語ができる人でも頭がいい人でもなく、リーダーシップを身につけた人にほかなりません。多くの人が、マッキンゼーの採用基準を地頭の良さや論理的思考だと考えています。しかし、実際に求められているのは、「将来のリーダーとなるポテンシャルを持った人」です。そしてそれは、今の日本に必要な人材そのものなのです。

リーダーシップはこれからの世界を生き抜く人たちのパスポートです。また組織とは、所属し守ってもらうものではなく、自らが率いるものになるのです。

大企業に勤めることの弊害

随分と揺らいできたとは言え、日本の大企業ではいまだに終身雇用というものが信じられています。しかし、これだけ変化が速く大きい時代にあって、一民間企業が40～50年と繁栄し続けることが、そもそも困難になっています。そのような状況でたまたま新卒で入社した会社に、自分のキャリアをすべて委ねてしまってもいいのでしょうか。

日本の大企業への入社を目指す人が多いのは、もちろんそれだけのメリットがあるからです。一方で大企業に勤めることの弊害もあります。そしてその弊害はだんだん深刻になってきている気がします。

本書の中でも「保守的な大企業で劣化する人」というコラムでこの弊害を取り上げています。自由かつ大胆に思考できていたポテンシャルのある学生が、保守的な大企業に就職して数年経つと、仕事のスピードや成果へのこだわり、ヒエラルキーにとらわれずに自己主張すること、自分の頭で柔軟にゼロから思考する姿勢を失ってしまうのです。

これに関連しますが、もう一つの大きな問題は、このような企業では辞令一つで異動や転勤を受け入れなければならず、自分のキャリアが会社任せになってしまい、自分のキャリアについて自ら考えることが少なくなってしまうことです。企業によっては、早ければ50代前半で関連会社や取引先等の会社への転籍を命じられ、第2・第3の仕事人生が始まります。もちろんそれで大活躍される人も多くいますが、中には仕事内容や新しい職場環境が合わずに苦労したり、低迷したりする人がいることも事実です。

自身のキャリア形成に主導権を持つ

プロフェッショナルファームにおけるキャリア形成は、日本の大企業におけるそれとは大きく異なります。辞令が天から降ってくるということはあり得ず、各人はそれぞれ自身のキャリア形成に対して主導権を持っています。

超高齢化社会に突入した今、60～65歳まで働くことは一般的になり、65～70歳まで元気に働ける人はいくらでもいます。人手不足が問題になっている中、50歳そこそこで仕事に全力で取り組めない人が多数いるとしたら、それはあまりにもったいないことです。

このような状況に陥らないためにも、自分のキャリアや人生について自身で考えることが重要です。一見、当たり前のことのようですが、日々忙しく働いているとその当たり前のことが考えられずに、目の前の作業に追われ続けるということは起こりがちです。そうして時間だけが経過すると、主体的にキャリアを積み上げていないだけにその後の選択肢も狭まり、ますます自ら行動を起こしづらくなります。そして最後は「これまで○○年間会社に尽くしてきたのだから、会社も自分を悪いようにはしないだろう」と会社にすがることになるのです。これは健全ではありません。

一度しかない人生でありキャリアですから、ぜひとも自分は何をしたいのか、何が得意なのか、どのような貢献ができるのかを自ら考え、決め、それを追求していきたいものです。新卒で就職した会社に30年間勤めたとしても、そこから更に20年間働くことが可能な時代です。そう考えれば、50代以降に新しいことを始めることも十分可能です。そしてこれを可能にするためにも、普段から本書のテーマであるリーダーシップを発揮して、いかなる局面でもどうすれば最大限に成果を上げて組織に貢献できるか意識し、周囲を巻き込んで物事を成し遂げることが大切なのです。

4

『ストーリーとしての競争戦略』

楠木建著（東洋経済新報社、2010年）

――3枚の札でビジネスに勝つ

小川進（神戸大学、マサチューセッツ工科大学スローン経営大学院）

1 持続的な利益の源泉は放っておくとすぐ揺らぐ

『ストーリーとしての競争戦略』は2010年の発売以来、多くの実務家の心を魅了し続けるロングセラーです。上場企業の社長室や経営企画室の書棚にはハーバード・ビジネス・スクールのクレイトン・クリステンセン教授のベストセラー『イノベーションのジレンマ』と並んで必ず置いてあるとまで言われています。

企業の最終ゴールが長期間、持続的に利益を手に入れることだとすると、利益がどこから生まれるのかを理解することは経営者にとって不可欠です。著者は巧みに比喩を使って利益源泉を整理し、競争優位を長く維持するためのポイントを教えてくれます。

事例として取り上げるのは誰もが知っている企業ですが、上辺だけの紹介でなく各企業がなぜ長期に利益を獲得し続けられるのかを詳細に記述し解き明かしてくれます。著者のずば抜けた文章力のおかげで読んでいると次の展開にワクワクし、なるほどと膝を打つところが随所にあります。

競争優位の基盤が放っておくとすぐに揺らいでしまうことを、著者は日本の昔話「三枚のお札」を使って表現します。山姥《やまんば》に出会ってしまった寺の小僧が、和尚からもらった3枚の札を使って命からがら逃げ、最後に和尚に山姥を退治してもらう話です。小僧がいくら札を使って行く手を阻んでも、山姥が次々に障害をはねのけ小僧を追いつめるところがポイントです。

ビジネスの場合、山姥が障害を乗り越え小僧に迫ってくるように、もうけの臭いがするところにライバルが登場し利益基盤を次々に壊していく。ライバルのそんな追撃に対し最後のとりでとなる戦略の打ち手はどんなものなのか。著者は順を追って説明していきます。

まず1枚目の札にあたる利益源泉の第1要素は業界の競争構造です。業界には構造的に見て、もうかりやすい業界ともうかりにくい業界があるというもので、ハーバード大学のマイケル・ポーター教授の5つの圧力モデルが有名です。

〈ケーススタディ〉セブンイレブンの高収益を支える戦略

戦略は建築物に似ています。有名な建築物の多くは一人の独創的な建築家によって構想されたものです。そこでは立地条件や経済面といった様々な制約の中で機能性、安全性、美観がバランスされています。戦略も同様です。戦略は経営者の頭の中で構想され、実行されます。またマーケティング、会計、財務といった機能を総合した個々の事業に対する特殊解でもあります。

著者の言うように、戦略の本質は「シンセシス（総合）」にありますから、戦略は個々の要素を別個に吟味しようとする分析とは相いれないものです。ですから戦略は「アクションリスト」でもありませんし「強み弱み分析（SWOT）」のような分析道具の「テンプレート」でつくるものでもありません。また戦略は事業が置かれた環境の中で経営者が創造する特殊解ですから「法則」や「ベストプラクティス」、「シミュレーション」や「ゲーム理論」といったものではありません。

例えばセブン―イレブン・ジャパンは20年以上高収益を実現しています。他方で同じセブン&アイ・ホールディングスの総合スーパーのイトーヨーカ堂や百貨店のそごう・西武は低収益に苦しんでいます。そもそもコンビニエンスストアはもうかるのだ、という説明は説得力がそれほどありません。

確かにファミリーマートやローソンといった大手コンビニも収益を上げています。しかし、セブンイレブンの利益は他を圧倒しています。しかも大手コンビニ間の競争は激化を続けていて、街を少し歩けばすぐにライバルチェーンの店を見つけることができますし、最近ではチェーン内競合も厳しくなり、同じ系列チェーンの店が同じエリア内に数店舗あるといった状況が珍しくなくなっています。こうした状況にあってもセブンイレブンは高収益を実現しています。コンビニだからといった理由だけで同チェーンの高収益性を説明できないことがおわかりになるでしょう。

ライバルが追い越せない独自性

ある事業がもうかっていることが分かると利益を求めてライバルが参入してきますし、高収益企業の行動をまねようとするでしょう。それは昔話「三枚のお札」で、山姥が小僧の繰り出す障害を一つ一つ乗り越えて小僧の間近まで迫ってくる状況に似ています。ライバルが競争優位の基盤を次々に切り崩し利益を奪い取ろうとするのです。

実際、セブンイレブンが展開する店舗の大きさ、営業時間、品ぞろえ、出店場所や加盟店との契約フォーマットといった様々な要素をライバルチェーンはこれまで参考にし、模倣してきました。それでも他チェーンは収益力でセブンイレブンを追い越すことはできていません。

著者によればセブンイレブンの高収益の秘密は、経営者であった鈴木敏文さんが描いた戦略がライバルの戦意を喪失するような独自性のあるものだったからということになるのでしょう。事業戦略を構成する要素のつなげ方と展開が優れていたということです。こうした差別性ある戦略要素のつなげ方と展開を、著者は「ストーリーとしての戦略」と呼んだのです。

2　優位性を得るには選択肢を捨てる決断が大事

競争優位の基盤の第1要素は業界の競争構造だと述べましたが、著者の言葉を借りれば、北極での生活のようにいくら知恵を絞っても快適にならない（利益が出ない）業界もあれば、ハワイで暮らすようにただそこにいるだけで快適に過ごせる（お金がもうかる）業界もあります。たばこ業界や製薬業界はハワイで、パソコン業界は北極だと言います。

重要なのは、ハワイのような業界でも時が経てば環境が変化したり競争が激化したりして北極のようになる恐れが絶えずあるということです。著者は競争優位の基盤を昔話「三枚のお札」に例えていますが、こうした環境変化が生じた時に2枚目の札として登場するのがポジショニングです。

ポジショニングで大事なことはトレードオフをつくり、一方の選択肢を捨てる決断をすることです。圧倒的に使い勝手のよい製品で差別化を実現してきたアップルが好例です。他社のパソコンやアプリとの互換性より、世の中があっと驚く製品を開発することにエネルギーを注いだのです。

マブチモーターの例もあります。同社はカスタムメードな製品を作らず、標準化した小型モーターを販売する決断をしました。そうすることで人件費の安い海外で標準品の大量見込み生産を行い、コスト優位を手にすることができたのです。

さらにデルはパソコン初心者をターゲットから除き、自分好みのパソコンをネットで直接発注できるユーザーを標的としました。その結果、顧客への直販体制と受注生産を実現し、流通費用を劇的に削減することでコスト優位を手にしました。

もちろんポジショニングによる競争優位も永遠ではありません。もうかるとわかればよほどのことがない限り他社が放っておかないでしょう。気がつくと製品や仕組みが模倣されポジショニングの優位性がなくなっていたということもあり得ます。そうした時に3枚目の札として登場してくるのが組織能力です。

〈ケーススタディ〉セブンイレブンのポジショニング

コンビニエンスストア業界の競争構造はどのようなものでしょうか。セブンイレブンが出店を始めた当初、競争構造は決して恵まれたものではありませんでした。

マイケル・ポーター教授の5つの圧力モデルで見ると、実質上のライバルはスーパーで、価格競争力を武器に戦っていました。またコンビニへの参入は今とは違い、当時は誰でもできました。

供給業者の交渉力はどうでしょう。大手スーパーのイトーヨーカ堂の子会社ということでおつきあい程度に取引をするという供給業者はいましたが、商品の取扱額が少ないため交渉力は供給業者の方があったと考えるのが普通でしょう。

購買者の交渉力はどうでしょう。同じ商品が隣のスーパーで安く売られていたなら消費者はスーパーで購入したでしょうから、購入者からの低価格化圧力はあったでしょう。コンビニにとってスーパーは、消費者にとっての代替的購入先であり低価格圧力の発信元だったのです。5つの圧力モデルから考えるとコンビニは創業当初、決して恵まれた競争構造ではありませんでした。まさに北極です。

そんな北極のような環境の中でセブン―イレブン・ジャパンはどのように高収益を実現できるようになったのでしょうか。同社が行ったポジショニングは価格ではなく時間価値を訴求するというものでした。

コンビニを自宅の冷蔵庫代わりに使いたい、商品を欲しい時にすぐ手に入れたい、値段は定価でもかまわない。そんな消費者の欲望を標的とする店を実現することで、セブンイレブンはスーパーや同業他社との差別化を行いました。大規模小売店舗法によって大型店舗の深夜営業が制限されていたのは幸運でした。同社は大型店が営業していない深夜の需要を取り込み成長エンジンの一つとしました。「開いててよかった」は当時コンビニが提供していた価値を的確に表現する言葉でした。

他社が模倣できない組織能力

深夜営業に加えて品ぞろえでセブンイレブンは差別化を進めていきました。当時、酒の販売は免許制で一般の小売店は酒を扱えなかったので、酒販店から転業した加盟店は酒の販売を差別化の手段の一つにしました。その後、セブンイレブンはおむすび、お弁当などのファストフードやおでんで独自商品を開発し、他チェーンと差別化した品ぞろえを実現していきました。

こうしたセブンイレブンの展開に、ローソンやファミリーマートといった競合チェーンは類似の商品やサービスを開発し追随しました。しかしセブンイレブンの店舗業績に追いつくことはなかなかできませんでした。例えば1日1店舗当たり販売額（日販）でいえば、今もってセブンイレブンと競合チェーンとの間には10万円程度の差があると言われています。見た目のポジショニングの取り方に大きな差がないにもかかわらず、セブンイレブンとその他チェーンの業績との間には埋まらない差が今でもあるのです。

セブンイレブンと他チェーンの収益の差を生み出している第3の要素は組織能力だと著者は言います。組織能力とは他者が簡単にまねできず（まねをしようと思っても大きなコストがかかる）、市場で容易に買えない経営資源のことを指します。ポジショニングがトレードオフを強調するのに対して組織能力の鍵は模倣の難しさにあります。

セブンイレブンの強みは売り逃しが少ないところにあります。他チェーンとの日販の差は、お客が店に買おうと思って来た時にその商品があるかどうかの差だと言うことができます。セブンイレブンは消費者の望むものを店に品切れなく並べる単品管理の能力に磨きをかけてきました

3 顧客価値の実現——優位性の要素を組み合わせて

競争の優位基盤になる第3の要素は組織能力です。著者は利益源泉を昔話「三枚のお札」に例えていますが、ポジショニングと組織能力は2枚目の札でも3枚目の札でも順序は問いません。ポジショニングは目に見える差別化で、組織能力は組織が日々の活動の中で蓄積し

た、模倣が難しく目に見えない差別化基盤です。

著者はレストランの例を使い、ポジショニングはシェフのレシピで勝負する方法で、組織能力は冷蔵庫の中にある素材や料理人の腕前で勝負する方法だと説明します。

トヨタ自動車のかんばん方式は組織能力のわかりやすい例です。同社がかんばん方式を使って無駄のない生産システムを構築し競争優位の源泉としていることは誰もが知っています。しかし、競合がいくらまねてもトヨタ以上にうまくできている企業はありません。

著者は利益源泉の個々の要素だけでは優れた戦略の本質を捉えきれないと考えています。例えばポジショニングと組織能力のいずれの説明力が高いかを明らかにしようとすることはナンセンスだと言います。ポジショニングと組織能力の両方が収益性に影響を与えているのが普通で、どちらかの要素だけが決めている事例はめったにないというのです。

むしろ競争構造、ポジショニング、組織能力をいかに組み合わせて高い顧客価値を実現するかというところに競争戦略の要諦があると著者は喝破します。

競争構造、ポジショニング、組織能力といった個々の要素を見るのは、戦略を「静止画」として見ているにすぎない。そうではなく戦略を構成する要素のつながりを「動画」として見ることこそ戦略の本質を浮き彫りにすると主張します。

本質的な顧客価値の定義から始めて、利益創出の最終的な論理を描く戦略のストーリー化ができているかどうかで、戦略の良しあしが決まる。戦略をストーリーとして見るということです。

〈ケーススタディ〉セブンイレブンの組織能力

セブン―イレブン・ジャパンが競合チェーンより優れた組織能力を持つのは、売り逃しのロスを極小化する単品管理の力です。

売り逃しのロスには3つあります。1つ目が既存商品の売り逃し、2つ目が新商品の売り逃し、3つ目が潜在的ニーズを満たす商品の売り逃しです。

セブンイレブンはどの商品をいくつ発注するかを本部ではなく店舗の発注担当者が決める方式を、他社に先駆けて実践してきました。発注権限はあくまでも店舗にあり、本部は発注を支援する情報を提供することに徹します。

例えば既存商品なら、中華まんは真冬でなく体感温度が急に下がる秋口に一番売れます。

ですので、細かくエリアごとに区切った気温情報が本部から店舗の発注端末に提供され、毎日の寒暖差に注意した発注が店舗で行われます。また、店の近くに予備校があり、模擬試験がある日にはお弁当よりサンドイッチが売れます。こうした店舗の近隣で開かれるイベント情報を事前に集めて発注に生かす重要性も、店舗指導員から他店の成功事例とともに伝えられます。

新商品は既存商品より発注が難しくなります。特にコンビニエンスストアの場合、新商品が発売された週が最も高い売り上げを記録すると言われています。テレビ広告は新商品の売れ行きを左右するので、新商品にメーカーがどの程度の量のテレビ広告をどのタイミングで打つかを、バックヤードの情報端末で確認しながら店舗の担当者が発注できるようになっています。また、発売日に予想以上の売れ行きを見せた新商品情報は店舗指導員を通じて他の店舗に共有されます。売れ行き情報がその日のうちに商品の陳列場所や発注量に生かされるのです。

潜在ニーズを捉えた商品をメーカーと共同開発

さらにセブンイレブンはメーカーとの共同開発に熱心に取り組んでいます。コンビニ利用客の潜在ニーズを捉えた商品をメーカーと協力しながら開発し、他チェーンと差別化する商品を展開しています。そこでは本部で集計された販売時点情報が活用される場合もあります。

例えばキャラクター商品はアパレル、インテリア、文具、菓子といった順で売れ行きが移動するといいます。そこで本部の菓子担当マーチャンダイザーはあるキャラクターがインテリアや文具で売れ始めると、そのキャラクターを使った菓子の企画を始めたりします。

キリンビールと共同開発したビール「まろやか酵母」や日清食品のカップ麺「日清名店仕込み」シリーズも初期の共同開発商品の代表例です。セブンイレブンのチルド物流を活用すれば、これまでにない味のビールを提供できる。あるいは各地の有名なラーメン店の味を即席麺として商品化して全国で食べられるようにする。いずれも潜在的ニーズを満たす商品の売り逃しを極小化しようとするものでした。

こうした売り逃さない仕組みを高い能力で実践できていることが、セブンイレブンと他チェーンとの日販の差となって現れていることに間違いはありません。ただし競合チェーンがセブンイレブンの単品管理に追いつこうと日々努力していることは確かです。セブンイレブンの出身者を迎え入れたりしながら単品管理のスキルを磨き、売り逃しの極小化を進めています。

ここで1つの疑問がわきます。セブンイレブンの単品管理の能力が他を圧倒するレベルになるまで競合はどうして指をくわえて見ていたのでしょうか。どうしてすぐにまねしなかったのでしょう。実は戦略をストーリーとして見ることで、この謎に答えることができるのです。

4 ライバルの模倣を防ぐ――一見非合理だが、戦略全体で合理性を持つ

最後に、クスノキ戦略論の〝一番イケてる部分〟を紹介します。そのカギは「クリティカル・コア」です。それだけを見ると一見非合理でも、ストーリー全体の文脈では強力な合理性を持つ戦略要素です。

例えばスターバックス。同社の店舗は直営です。しかし短期間に店舗網を拡大するにはフランチャイズ方式を採用した方が合理的に見えます。

カギは「第三の場所」という同社の事業コンセプトです。仕事に追われる職場と自宅の間に、ちょっとくつろげる場所を消費者に提供するというものです。日本に進出した当初、戸惑った人が多かったのではないでしょうか。カウンターで注文してもファストフード店のようにすぐに商品が出てこないからです。

しかしそこが肝だったのです。スターバックスは「わざと」時間をかけていたのです。時間に追われるお客が店にいると第三の場所としての雰囲気を壊してしまうので、「急ぎの客」が来ないようにしているのです。

そう考えると直営にこだわる理由が見えてきます。フランチャイズ店のオーナーなら店の利益を少しでも多くしたいと思うでしょう。手っ取り早い方法はお客の滞在時間を短くすることです。そのために商品をできるだけ早く出そうとするかもしれません。しかしそれでは第三の場所を提供することにはなりません。そんな事態を防ぐため、店舗運営を完全にコントロールできる直営方式を採用しているのです。

環境変化を先取りした「先見の明」型の戦略は、変化の全貌が見えてくれば競合の追随を招きます。それに対してクリティカル・コアを組み込んだ戦略はライバルの模倣を避けることができます。そこだけ見れば非合理に見えるのでライバルに模倣する気持ちが起きないのです。その結果、競争優位は持続します。戦略をストーリーとして捉えるからこそ見えてくる卓越した戦略の背後にあるロジックです。

〈ケーススタディ〉セブンイレブンのクリティカル・コア

コンビニエンスストア大手の中でも高い収益性を維持しているセブン―イレブン・ジャパンの仕組みを、早い段階で他社がまねなかったのはなぜでしょうか。

セブンイレブンは店舗のすべての商品を店の担当者が発注することをかたくなに守りました。接客や商品の荷受け、品出しや店内の清掃といった作業をしていると、時間はあっという間に過ぎてしまいます。そうした作業に加えて一品一品について仮説をもって発注する仕事は、時間がかかるだけでなく、かなりの労力を必要とします。しかもセブンイレブンはオーナーだけでなくパートにも発注を積極的に任せるように指導しました。

店の商品の発注量は、大量のデータが集まる本部でコンピューターを使って分析して決める方が正確に予測できるし、店舗も発注に時間がとられないので喜ぶはずだ。ましてや素人同然のパートに発注を任せるとは、なんてバカなことをするのか。競合のチェーンはそう考えて店舗の発注量を自動的に計算する仕組みを開発して導入したりしていました。

しかし、セブンイレブンの鈴木敏文さんは決してそうは考えませんでした。発注の情報システムをNECに開発してもらう時には次のようにお願いしたといいます。「自動発注は絶対ダメです。店の人は商品が売れなかった時、本部やシステムのせいだと考えてしまいます。商品の売れ行きを敏感に感じ取りながら発注できるのは店頭です。販売結果に対して店員が責任を感じ、消費者の動きを観察しながら発注しようとするシステムをつくってください」。その結果、生まれた仕組みが仮説検証型の発注システムです。本部は店舗担当者の発注を高度な情報システムと店舗指導員を通じて支援します。

「自動発注は店舗作業を楽にはしましたが、店舗の人たちの知恵が生かされる分、仮説検証型の発注をする店に売り上げで勝つことはできませんでした」。競合チェーンの情報システム開発担当者がそう言っていたのを思い出します。

このように、セブンイレブンにとって店頭起点の発注はクリティカル・コアでした。精度を上げるための短いリードタイムでの発注、多頻度小口の物流、特定エリアへの集中出店や取引先を絞った共同物流体制、店舗指導員による週2回の巡回と鈴木氏による講話を含む毎週の全体会議の開催といった仕組みが、クリティカル・コアである店頭起点の発注を中心に構築されていたのです。

部分的には非合理に見える店舗起点の発注が売り逃さない仕組みの欠かせない要素であることに競合が気付くのには時間がかかりました。仮説検証型の発注をファミリーマートが導入するまでに7年、ローソンは10年かかりました。それまでにセブンイレブンは膨大な量の仮説検証型の発注を全商品、全店で行い、他の追随を許さない組織能力を構築していきました。

ユニクロのクリティカル・コア——シーズン内返品自由

最後にもう一つ事例を紹介しましょう。ファーストリテイリングが展開するユニクロの商品は展開初期には安かろう、悪かろうのイメージがありました。そこで柳井正社長はシーズン内なら返品自由という政策を始めました。「そんなことをしたら商品を購入して着るだけ着てシーズン中に返品してくるお客が多く出るのではないか」。そう考える人もいました。しかし柳井さんはそうは考えず、返品された商品に対するお客の不満を吸い上げ改良すれば商品力を上げることができるし、返品費用を研究開発投資と見れば安いものだと考えました。返品政策はユニクロのクリティカル・コアになっていたのです。

5

『サーバントリーダーシップ』

ロバート・K・グリーンリーフ著（邦訳・英治出版、2008年）

――「良心」が会社を動かす

森洋之進（アーサー・D・リトル）

1 サーバントとは、明確な夢を持ち奉仕する

『サーバントリーダーシップ』はロバート・K・グリーンリーフによって提唱された社会性、公共性の高いリーダーシップ論の名著の邦訳です。グリーンリーフは当時世界最大の企業（従業員100万人）だったAT&Tでキャリアの大半を費やしましたが、退職後に教育、コンサルティング、講演活動などを経て1970年に「サーバントとしてのリーダー」という37項の小冊子を刊行。「サーバントリーダーシップ」という概念を初めて活字として公表しました。この時、66歳でした。

リーダーシップ論は実に数多くありますが、「サーバントリーダー」の際立った特徴は何でしょうか？　また、何故米国はもとより、近年の日本においてもこのリーダー論に注目が集まっているのでしょうか？

著者によると、サーバントリーダーとはそもそもが〝サーバント（従者、召使、尽くす人、奉仕者）〟であり、奉仕したい、奉仕することが第一だという自然な感情を持っている

人です。

しかし、単なる召使や奉仕者ではありません。奉仕の前提として、意識的な目標の選択と、目標の明確な表現ができる人です。ここでいう目標とは、大きな夢、絵に描けるような概念、最終的な到達地点といったもので、それは「今のところ手に届かないが、そこに向かって努力を重ねるべきもの」なのです。

そして、サーバントリーダーは明確な目標を掲げた上で、「私は行く。一緒に来たまえ！」と先頭に立って宣言するリーダーでなければいけません。さらに自らの志を追求し、身をささげ、献身的に働くことを通じて、「結果的に」リーダーとなる人であり、同時にフォロワーに対して受容と共感を示し、常に「聞く姿勢」を備えています。

このようなリーダーは日本人にとっても理想的なリーダーに違いありません。しかし、そのようなリーダーが見当たらなくなったことが、今「サーバントリーダーシップ」に注目が集まっている理由なのかもしれません。

〈ケーススタディ〉本田宗一郎氏の言動

サーバントリーダーという存在は文字通り、リーダーでありながらサーバント（奉仕者、召使）としての特性を持つ、と定義されています。グリーンリーフによると、サーバントリーダーは向かうべき方向を示すと同時に、聞く力を持ち、受容力・共感力を備え、予見力・直感力、創造力・概念化する能力、知覚する力、個別に説得する力を持ちます。

実際のところ、そのようなリーダーらしいリーダーはそもそも存在するのか、という疑問を持たれるかもしれません。筆者は、ホンダ創業者である本田宗一郎氏が（極めて日本的ではありますが）サーバントリーダーそのものだと考えています。

本田宗一郎氏は1948年に浜松市で本田技研工業株式会社を創業しました。当時、宗一郎氏の夢は「世界一速いクルマをつくりたい」「世界一のオートバイメーカーになりたい」ということでした。まさに、「私は行く。一緒に来たまえ！」と、毎日毎日、みかん箱の上に立って自分たちの明確な目標を宣言していました。

そして、その夢は58年のスーパーカブの発売、59年6月のマン島TTレース初出場を経て、3度目のマン島TTレース（61年）において結実しました。ホンダチームは125CC

クラス、250CCクラスともに1位から5位までを独占し、ホンダのエンジンは「まるで時計のような精密さ、アイデアに満ちあふれた完璧なエンジン」と世界中から絶賛されたのです。「自分で製作した自動車で全世界の自動車競争の覇者となる」という宗一郎氏の夢がこのとき実現したのです。

ところが、宗一郎氏はこのようにビジョンを発し、周りの者を引き連れていくというリーダーらしいリーダーの役割だけでなく、「サーバント」の側面も担っていました。

まず、宗一郎氏はリーダーの心得として以下のように語っています。

「どんな社会にも、上層部にいる人と下層部にいる人があるものだ。下の人が上にのぼるためには、大変な努力をしなければならない。**人間がすべて平等な位置に立つためには**、一人、二人でなくすべての人がのぼらなければならない。しかし、皆を一人残らず上に上げるのは非常に困難である。一方、上の人が下に降りるというのは、比較的楽なことである。もし能力のある人が大衆の仲間になるならば、その能力は、当然誰しもが認めるところとなる。かれは自然に人々から指導者に選ばれ、その能力を最大限発揮できるはずである。**まず上の人が下へ降りてきて、皆と一緒にのぼる努力をしなければならない。**」

（太字　筆者）

これは、リーダーが〝上から目線〟で部下に対して命を発するいわゆる〝リーダー的な〟態度と異なり、自ら部下と同じ目線まで降りていって「さあ、一緒に行こう」という、共に歩もうとするサーバントリーダーの態度です。

社員全員と握手をした宗一郎氏

宗一郎氏がいかに現場目線に立ったリーダーだったかということを示すエピソードに、社長を辞めた時に国内外の事業所をすべて回って、社員全員と握手したというものがあります。

宗一郎氏はこう言っています。

「ほんとは、現職にいる時、うちの社員と名のつく人に全部あって握手してやりたかった。社長を辞めて、やっとその念願を果たすことができた。日本国内で700カ所、回るのに1年半かかったよ。それから海外の駐在員のところを飛行機で回った。それも半年かかったもんだ。うちの社員でありながら、オレの顔を見たことがないのが大勢いるんだ。ことに地方の出張所や、SFというサービス機関の社員とかね。
一人ひとり手を握ったんだ。オレは涙が出た。むこうの若い連中も泣いたよ。けど、オレは士気を鼓舞するなんて気じゃない。自分が嬉《うれ》しいからやるんだ。オレは社長を辞めて、やっと人間らしいものにいきあったよ。」

そして、これほど大きな企業を生んで育てたにも関わらず、「社長なんて偉くも何ともない。課長、部長、包丁、盲腸と同じだ。要するに命令系統をはっきりさせる記号に過《す》ぎない」とさえ言っています。

このようなサーバントリーダーとしての心意気が伝わったためでしょうか、ホンダの米国進出時には、当時日本企業を必ずと言ってよいほど悩ませていた労働争議が一度も起きなかったそうです。

さらに、指導者（リーダー）に関して、宗一郎氏はこう言っています。

「これからの指導者、たとえば企業の経営者などもそうだが、彼は**まず皆の仲間でなければならない**。同僚であるという感覚で出発しない限り、多くの協力は得られないし、またその能力も十分に発揮できない。」

これは、グリーンリーフによるサーバントリーダーの定義のひとつである「対等なメンバーの中の第一人者」と同義であり、まさに本田宗一郎氏はサーバントリーダーそのものであったのです。

◎出典：本田宗一郎著『やりたいことをやれ』（ＰＨＰ研究所）、他

2　全員が対等なリーダー

サーバントリーダーがそのリーダーシップを発揮するための組織のあり方がグリーンリーフによって提唱されています。

組織編成には2つの伝統があります。1つ目はヒエラルキーモデルで、ピラミッド構造の頂点に1人の人間が責任者として就きます。これはおよそあらゆる組織に適用されており、このモデルの前提や欠点に誰も疑問を発していません。私たちも案外その1人です。

しかし、ヒエラルキー構造が組織編成の最高の形態かというとそうではありません。例えばいったん問題が発生すると問題解決のための〝強力なリーダーシップ〟が嘱望され、トップにいる1人の人間の支配力を強めようという力が働きます。その結果、問題は緩和されるどころかかえって悪化してしまうものである、とグリーンリーフは喝破します。また、ヒエラルキーモデルはトップによるタイムリーな決断を期待して支持されていますが、実際のところトップはなかなか決断できないものなのです。

これに対し、サーバントリーダーシップは「対等なメンバーの中の第一人者」という組織モデルを前提にします。この場合、リーダーは組織内の同僚の中で第一人者ではありますが、必ずしもヒエラルキー上の責任者である必要はありません。その意味でこのリーダーシップモデルは、組織に所属する全員がリーダーになりうる可能性を示唆しています。

ヒエラルキー構造を「管理」によって規律と一貫性を保つ公式なタテの組織構造とすると、このモデルは「リーダーシップ」によって先導された非公式なチームによるヨコの〝イニシアチブ〟とも言えます。同時に公式な組織構造がばらばらにならないようにする接着剤の役割も果たします。

サーバントリーダーが力を発揮するのはこのような非公式な組織ですが、1つだけ条件があるとしたら、サーバントリーダーが対等なメンバーから第一人者として認められていることです。

〈ケーススタディ〉新津春子さんの思い

新津春子さんという名前を聞いたことがあるでしょうか?　以前、NHKの「プロフェッ

ショナル　仕事の流儀」に2回も登場し、有名になられましたから、知っている方も多いかもしれません。

新津さんは現在、羽田空港ターミナルビルの清掃の実技指導者ですが、羽田空港は2013年、14年、16年に、航空会社のサービス評価を手がける英スカイトラックス社の国際空港評価「ザ・ワールド・クリーネスト・エアポート」部門において1位となりました。その背景には新津さんのリーダーシップ、すなわち、ヒエラルキーのトップとしてのリーダーシップではなく、清掃に従事する一員としての情熱と技量に先導されたサーバントリーダーシップがあります。

新津さんは中国・藩陽に生まれ、17歳で来日して以来、25年以上清掃の仕事を続けている〝清掃のプロ〟ともいうべき方で、現在は羽田空港の清掃スタッフ約500人を指導する立場にいます。

しかし、清掃という仕事は3Kと言われているように、誰からも好まれる仕事というわけではなく、また社会的地位も高い職業とは認識されていません。

その中で新津さんは、「清掃の仕事がいやだと思ったり、清掃員であることを恥ずかしいと感じたりしたことは一度もありません」と言い、むしろ「ひとつクリアすると次の目標ができる」という清掃の仕事が大好きで、自ら進んでビルクリーニングに関する専門学校（東京都立品川高等職業訓練学校、現・城南職業能力開発センター）に入学して清掃そのものを体系的に学んだほどです。

この専門学校に入ったとき、新津さんは「ビルクリーニングというものの全貌があらためてわかり、合理的なやり方を教えてもらえると思っただけで、ワクワクしていました」と著書に書いています。本当に心から清掃という仕事が好きで、自らのスキルアップにやりがいをもって取り組んだのです。そして努力して技能を磨いた結果、27歳のときに全国ビルクリーニング技能競技会で最年少優勝を勝ち取りました。

トップダウンだけでは組織パフォーマンスは上がらない

新津さんのような清掃の第一人者が〝対等なメンバー〟で構成されている職場に1人いるだけで、その職場のパフォーマンスが向上することは、羽田空港が直近4年で3回も世界一きれいな空港と認定されたことでも証明されています。もちろん、新津さんのようなサーバントリーダーだけで組織全体のパフォーマンスが上がるわけではありませんが、少なくともトップダウンの指示だけで組織パフォーマンスを上げることはできません。

実は筆者は清掃を主業務としたあるビルメンテナンス企業の経営改革プロジェクトにコンサルタントとして携わった経験があります。そこで浮かび上がった課題はおよそ以下のようなものです。

- 清掃に対するマインド・心が伴っていない
- それぞれの役割に求められる専門スキルが定義されていない
- 現場作業者に標準作業が浸透していない
- 全社レベルでの作業標準や教育マニュアルは基本的なものしかない
- やりやすい作業手順が蓄積・共有されない
- 清掃員の管理・育成は現場長任せ
- あるべき人材像が定まっていない
- 短期で辞めてしまうパート・契約社員が多い

- 管理者が現場実務を知らない
- 効率的な業務遂行を推進する組織がない
- お褒めや表彰、厳罰など「アメ」と「ムチ」になる仕組みが明確になっていない

このような課題は（清掃に限らず）定常的な作業を請け負う事業体には多かれ少なかれ内在する課題ですが、特に「専門スキル」や「マインド」といった本来プロフェッショナル組織に不可欠な要素を植えつけるための先導役・現場リーダーは必須であり、ヒエラルキーの高いところから命ずるだけでは組織は動きません。どうしても、現場目線の献身的なリーダー、旗振り役、すなわちサーバントリーダーの存在が必要なのです。

新津さんは、自らこう言っています。

「誰がここをきれいにしたかは問題じゃない」

「皆さんがきれいな所で幸せな気持ちになってもらえることが、何よりも大切！」

これは、概念を明確な目標として表現したうえで、「私は行く。一緒に来たまえ！」と、先頭に立って宣言するサーバントリーダーのマインドセットです。

さらに、自著のなかで、

「私一人で全員を管理しているわけではなく、現場にはそれぞれ責任者がいて、協力してやっているんですね。ただ、技術的なことに関しては、清掃技術を改善・開発したり、スタッフを教育したりといったことを20年かけて私がほとんど1人でやってきましたし、パートナー会社さんからも依頼があれば指導をしてきました。そういう意味では私はすべてのスタッフの上司だし直接アドバイスしたりサポートしたりしています。説明するとそういうことになりますが、でも、自分が上司だとか、管理する側だとか、私は全然考えていません。私はみんなを仲間だと思っているだけです」

と語っています。

ひとつの職場の中に新津さんのようなサーバントリーダーがいる組織、そのリーダーに触発されて自ら能動的に働くメンバーがいる組織は強く、羽田空港の例のように大きな成果を生み出します。

逆に言うと、ヒエラルキーのトップにいるリーダーは、常に現場における顕在的・潜在的サーバントリーダーを目を皿のようにして探し、そのリーダーに大きく自律的な権限を付与するように努めなければいけません。新津さんも上司に見いだされて、その才能が熱意とともに開花した1人です。

◎参考図書：新津春子著『世界一清潔な空港の清掃人』（朝日新聞出版）／新津春子著『清掃はやさしさ』（ポプラ社）

3 組織外の「トラスティ」――リーダーたちの活動監督

組織そのものがサーバントリーダーとなり、同時に組織内の個人がサーバントリーダーとして育成されるための外的条件として〝トラスティ〟が存在しなければならない、とグリーンリーフは強く主張しています。トラスティは役員、理事、評議員、受託者などと訳されますが、グリーンリーフはこれらの意味をはるかに越えて「公衆の信頼を一挙に預かる人」と定義しています。

トラスティは実際に経営を遂行することはせず組織の外に存在しますが、最終的に組織とその中で起こるすべての活動に対して責任を持ちます。その基本的役割は次の4つです。

①組織の目標や向かうべき方向・コンセプトを定義づけ、目標に到達するための計画を是認する
②経営陣を任命し、トップの経営構造を考案する
③組織全体としてのパフォーマンスを評価する
④評価に基づき、適切な処置を講ずる

特に①は一般的な理事会や取締役会以上の役割であり、②に関してもその機能を実質的に有している企業は少ないと思われます。

さらにトラスティは毎日の任務を遂行する組織内部の経営や執行のリーダーに対して、外部にありながらも密接に関わり、距離があることを利用してリーダーたちの活動を監督します。同時に絶えざる発信を通じて組織にモチベーションを生み出し、組織自体をサーバントという非凡な存在へ変えていくダイナミックな責務を担います。

日本においても近年、企業統治（コーポレートガバナンス）の観点から「指名委員会等設置会社」や「監査等委員会設置会社」などの制度が、主に「株主価値向上」の視点から導入され議論が進んでいます。しかし、グリーンリーフが規定するトラスティは法的権限と責任を持つことに加えて、組織をより賢明で健全な状態に導き、組織自体を社会のサーバントに近づけるために存在するという意味において、その視座が異なります。

〈ケーススタディ〉日本の企業統治システム

グリーンリーフが「サーバントとしてのリーダー」を著した1970年代前半の米国は、ベトナム戦争に対する反戦運動、ラルフ・ネーダー氏に代表される消費者運動の高まり、さらにウォーターゲート事件の発生などを通じて、広くリーダーのあり方に対して社会的意識が高まった時代であり、同時にコーポレートガバナンスに関する議論が進みました。

一方、日本は70年代～80年代の高度成長時代はもとより、90年代に入ってもメーンバンクに依存した間接金融と株式持ち合いの慣習によって、企業統治論の進展は米国に比して周回遅れの感がありました。

しかし、日本においてもグローバル経営への必要性に動機付けられたソニーが、90年代後半に執行役員制度を導入し、経営の監督と執行を分離する企業統治を始めました。これを機に、日本では執行役員制度が浸透し、今では上場企業の7割がこの制度を導入するようになりました。

さらに、国内では2003年に「指名委員会等設置会社」制度、15年にそれを補完する「監査等委員会設置会社」制度が法律で定められました。2018年3月にはコーポレートガバナンスコード（企業統治指針）の改定案が公表され、制度面からの企業統治に関する仕組みはこの15年で急速に進化した感があります。

しかしながら、サーバントリーダーを著したグリーンリーフの唱えるトラスティ論に比して、日本の企業統治システムはまだ道半ばだと思われます。

健全な問いを経営陣に投げかけ「経営陣を導く」トラスティ

日本の企業統治論は、

①会社による不祥事や法令違反を回避するためのガバナンス論、及び
②投資家に対して最大のリターンを還元するための株主価値最大化論

に収れんしているようです。実際に、東京証券取引所と金融庁が15年6月に導入した企業統治指針は「企業価値を向上するため」に、取締役会の役割を規定したり、株主との対話を促進したりする原則を示しています。そのための社外役員の人数やプロファイルに対して多い・少ないといった〝構造論〟が盛んです。

しかし、グリーンリーフの定義するトラスティの役割は、単に社外取締役として経営を監督、監視するのではなく、健全な問いを経営陣に投げかけ、「奉仕したいと考える人たちに実行の機会を提供すること」であり、また「経営陣を導くこと」なのです。そして、その前提として、「我々の組織の本分はどんなもので、何を成し遂げようとしているか」を定めることです。高い目標を立てて道を行こうとする際に、組織がまず取るべき行動は、どこに向かいたいか、誰に奉仕したいのか、直接的に奉仕される人々や社会全体がその奉仕によりどのように利益を得てほしいのか、などをはっきり言い表すことがトラスティの役割です。

この最後の項目、「社会全体が自分たちの奉仕＝ビジネスによって、どのような便益を得られるか？」という設問は特に重要です。

「感染症のリスク低減」を目標としたヤクルト

例えば、ヤクルトの創始者である代田稔医学博士は、日本がまだ豊かとはいえない当時（1920年代）、衛生状態の悪さに起因する感染症で命を落とす多くの子供たちを憂え、病気にかからないようにする「予防医学」の研究に取り組みました。微生物の研究を通じて乳酸菌の腸内効果を発見し、その強化培養に成功したのです。そして、腸内で有用な働きをする「乳酸菌シロタ株」をベースに1935年、乳酸菌飲料「ヤクルト」を完成させました。代田博士は、自分たちの奉仕＝乳酸菌飲料の生産販売を通じて、社会全体に対して感染症のリスク低減という便益提供を目標として定め、組織の本分を次世代の経営陣に伝えたのです。代田博士は創業者ですが、その目標の定め方はグリーンリーフの言うトラスティそのものです。逆に言うと、トラスティは創業の理念まで立ち返って、組織の本分を定義し、経営陣を編成する役割を担うのです。

既に何十年も続いている企業が改めてトラスティをいただき、(日本の場合、指名、報酬、監査委員会を設ける指名委員会等設置会社などへの移行を通じて) 組織の本分を再定義することは難しいかもしれません。しかし、そこまで立ち返らないと組織がサーバントリーダーに変身することはできない、ともいえます。

4 リーダーの特性——良心に従い事業評価

「サーバントリーダーシップの性質がほかの人々と違う決定的な点は、彼らの生き方の指針が『良心』、つまり善悪の区別をつける、心の中の道徳的感覚だということだろう」。『7つの習慣』で著名なスティーブン・R・コヴィーが序文に記したこの表現が、サーバントリーダーの特性を最も的確に示しています。

企業社会で生きている人間はいつも競争優位、差別化、市場シェア、収益率、効率化といった視点で事業を語りがちです。もちろん、企業が存続するためにはこのような評価軸で厳しく事業評価することは必須です。

しかし、良心をその行動指針に持つサーバントリーダー、サーバント企業が自らの事業を評価する視点は異なります。

- 我々の製品、サービスは人々の幸福や顧客の生活、仕事の質の向上に寄与しているだろうか？
- この活動は自社だけでなく他社にも利益を生ぜしめるものだろうか？
- この経営判断は、長期的に全てのステークホルダー（利害関係者）の成功につながるだろうか？

といった視点からの〝問いかけ〟を自らに発し、組織内における対話（ダイアローグ）を活性化させているのです。

このように自らを省みるリーダーに導かれる組織は、自然な形で〝徳〟を身につけ、優秀な人材が集まってきます。

グリーンリーフは「フォロワーが自らの意思で応ずるのは、サーバントであると証明され、信頼されていることを根拠にリーダーとして選ばれた人に対してだけだろう。こうした考え方が広まっていけば、本当に成長が見込める組織は、サーバント主導型のものだけになるだろう。」とまで言い切っています。

すなわち、サーバントリーダーに導かれ、「良心」を企業運営の指針と定め、〝徳〟を身につけた組織でなければ成長は見込めないという〝予言〟を私たちに突きつけているのです。実際、この予言はそのとおりになっているようです。

〈ケーススタディ〉「良心」にのっとったマネジメント

もう一度、スティーブン・コヴィーの序文に立ち返ってみましょう。

コヴィーは、

「サーバントリーダーの生き方の指針は『良心』であり、心の中の道徳的感覚であるのです。単に何かを成し遂げるために〝機能する〟だけのリーダーと異なり、サーバントリーダーは正義の感覚や善悪の感覚、優しさと冷淡さを見分ける感覚、美と破壊や真実と偽者を見分ける感覚を持続的に備えています。この普遍的な『良心』は時代、文化、地理的状況、国籍そして人種から切り離された不朽のもので、自明のものなのです。」と解説しています。

普遍的で、時空を超えて不朽であり、自明なこととされている「良心」が何故、現代の企業社会において中心的課題になっていないのでしょうか？　いや、ただそのように見えるだけで、企業組織の暗黙知として埋没しているだけなのでしょうか？　それとも、コヴィーやグリーンリーフの主張――「良心」にのっとったマネジメントという考え方――にそもそも無理があるのでしょうか？

ケースを挙げて検証してみましょう。

松下幸之助氏の「ミッション」

例えば、日本における代表的経営者である松下幸之助氏は昭和初期、会社がまだランプの町工場の域を出ないころ、商売をするものの使命は〝この世から貧をなくすことである、世の中を豊かにすることである。物の面から人びとを救うことである。〟と事業の目的を定義し、「いい物」を「安く」「たくさん」作ることを通じて物質の面から人々の幸福を実現することを目標として掲げました。

モノのない時代、企業人としてこれ以上の「良心」はないでしょう。現代の日本はモノがあふれていますが、〝(物の面から) 人びとを救う〟という良心 (ミッション) を掲げた松下電器産業 (現パナソニック) は、その事業内容を変えながらも長い間成長を継続し、人材も集め続けているのは衆知のことです。

良心に基づく大きな目標を設定することは意義がありそうです。

グーグルの「Don't be Evil」

モノにあふれた現代でも同様な例があります。グーグルです。グーグルは社則とも言える「悪役になるな (Don't be Evil)」というモットーを維持し、『グーグルが掲げる10の事実』の中では、「ユーザーに焦点を絞れば、他のものはみな後からついてくる」「悪事を働かなくてもお金は稼げる」と、〝良心的な〟宣言をしています。

同時に、基本理念として、

- Google は、当初からユーザーの利便性を第一に考えています

- 検索結果ページには、その内容と関連性のない広告の掲載は認めません
- 広告というものはユーザーが必要としている情報と関連性がある場合にのみ役立つと考えています
- Googleは、派手な広告でなくても効率よく宣伝ができると考えています。ポップアップ広告は邪魔になってユーザーが見たいコンテンツを自由に見られないので、Googleでは許可していません
- Googleが検索結果のランクに手を加えてパートナーサイトの順位を高めるようなことは絶対にありません。PageRankは、お金で買うことはできません

などを明記しています。「良心」が基本理念の中に満ちあふれているようです。

このグーグルはご承知のように、20年前は存在しない企業でしたが、現在では時価総額が常に世界の3位以内に入るまでに成長し、現代における屈指の優良企業となっています。その根底に「良心」があったことは、意外に知られていないようです。

稲盛和夫氏の「良心」

「良心」をベースとして起業し、長い期間をかけて成長を続けている企業はこのほかにも多数あります。京セラもその一つです。

京セラを創業した稲盛和夫氏は、創業間もない頃に、「全従業員の物心両面の幸福を追求すると同時に、人類、社会の進歩発展に貢献すること」という経営理念を定めました。そして、「会社の発展のために一人ひとりが精いっぱい努力する、経営者も命をかけてみんなの信頼にこたえる、働く仲間のそのような心を信じ、私利私欲のためではない、社員のみんなが本当にこの会社で働いてよかったと思う、すばらしい会社でありたいと考えてやってきたのが京セラの経営です。」と表明しています。(京セラHPより)

京セラは、サーバントリーダーの持つ第一の特性である社会的「良心」をその経営の根幹に据えてきたのです。1959年に従業員28人でスタートした京セラは現在、連結売上高で約1兆5000億円、従業員約7万人にまで成長しています。「良心」が全てではありませんが、それがないと、ここまで成長できなかったと考えるのが自然と思われます。

本田宗一郎氏の「哲学」

さらに、1節でも触れたホンダ創業者の本田宗一郎氏は、

「企業発展の原動力は思想である。したがって、研究所といえども、技術より、そこで働く者の思想こそ優先すべきだ。真の技術は哲学の結晶だと思っている。」
（『俺の考え』本田宗一郎著）

と語っています。本田氏も稲盛氏と同様に、「哲学」を基底にして、創業時（1948年）に20人であった町工場を、連結売上高15兆円、従業員20万人の会社に育てたのです。戦後、二輪車メーカーは300社近くあったと言われていますが、その中で、ホンダが生き残るだけでなく、大きく成長できた背景に「哲学」――「作って喜び、売って喜び、買って喜ぶ」という3つの喜びと、自律、信頼、平等をもとにする「人間尊重」――がありました。この「哲学」も人間の良心の表れそのものです。

「良心」のマネジメントが長期的な成長をもたらす

以上のケーススタディを通して検証されたことは、「良心」は企業の長期的発展に明らかに関係していることです。

いや、これは控えめな言い方で、理念、思想、哲学、あるいは「良心」を持ち、他を思いやり、社会貢献を企図した大きなビジョンを掲げたサーバントリーダーに導かれた組織でなければ長期的な組織成長は実現しない、と言っても良いかもしれません。

最後に日本企業へのメッセージをまとめると、「〝良心にのっとったマネジメントの実践〟を経営の中心的課題として据え、実践することこそが持続的組織成長の原動力となる」という原理に、一刻も早く気付いてほしいということでしょう。グリーンリーフはそれを願っています。

6

『HARD THINGS（ハード・シングス）』

ベン・ホロウィッツ著（邦訳・日経BP社、2015年）

——人、製品、利益、の順番で大事にする

佐々木靖（ボストン コンサルティンググループ）

1 経営とは、困難をマネジメントすること

著者のベン・ホロウィッツは米シリコンバレーを拠点とする超有力ベンチャーキャピタルの共同創業者です。投資先にはフェイスブック、ツイッターなどテクノロジーの最前線の企業が名を連ねます。本書は彼自身がベンチャーキャピタリストに転じる前に、IT（情報技術）ベンチャーのラウドクラウド（後のオプスウエア）を創業し最高経営責任者（CEO）として経営を指揮した実体験に基づいて書かれています。

本書で展開されるのは経営の圧倒的なリアリティーです。起業家として会社を立ち上げ、CEOとして経営のかじ取りをする中で、次々と迫る困難に直面した際、どううまくいかなかったかをストレートに伝えています。美談や成功秘話ではない――それが本書の極めて異色なところです。

本書から得られる示唆は「経営とは何か」という本質的な問いに他なりません。困難をマネジメントすることが経営の神髄であり、強い意志と正しい野心がそれを支えるということ

を伝えているのです。

ホロウィッツは経営の自己啓発書を読んで「本当に難しいのはそこじゃないんだ」と感じ続けてきたといいます。既存の経営書は、そもそも対処法が存在しない問題に対処法を教えようとするところに問題があると指摘します。

デジタルテクノロジーの圧倒的な進化とともに、日本においてもベンチャーの立ち上げが若い世代にとって当たり前の時代になっています。また、ベンチャーだけでなく、大企業もデジタル的な要素を経営に取り入れ、新たな事業を立ち上げることを求められています。起業にせよ、新規事業立ち上げにせよ、成功する確率は極めて低い。経営者は数多くの苦闘と挫折をくぐり抜けることを強いられます。

ホロウィッツは言います。起業家はその苦闘を愛せと。これから読者の皆様と一緒に、その苦闘の連続から得られる教訓が何かを読み解いていければと思います。

〈ケーススタディ〉ベンチャーとベンチャーキャピタリスト

本書の内容について掘り下げる前に、本書の舞台となっている米国におけるベンチャーとベンチャーキャピタリストのあり方について、日本への示唆を含めて考えてみたいと思います。

米国経済のこれまでの栄華を可能にしてきた要因のひとつに、それぞれの時代において強烈なアイデアを持った起業家個人と、その活動を資金面で支えたベンチャーキャピタリストの存在があります。一部の突出した人材が新分野を切り開き、消耗戦を展開して、最後に生き残った有力企業がその領域で世界市場を押さえる。ベンチャー企業が、アメリカンドリームという言葉で表されるような個人の成功、そして米国経済の成長の大きな原動力となってきたのは紛れもない事実です。

しかし、ホロウィッツはそれまでの米国のベンチャーキャピタリストの役割に疑問を呈します。ベンチャーキャピタリストは、キャピタル（資本）を投入するものの、創業者に何か経営者として有益なアドバイスをすることは限定的でした。また、ベンチャーキャピタルの利益のほとんどは大成功を収めたごく少数の投資家から上がっており、そうした大成功を引き当てるのはごく少数の同じ顔ぶれのベンチャーキャピタルだったのです。

ホロウィッツが目指した新しいベンチャーキャピタリスト

これでは創業者がせっかく会社をスタートさせても、CEOとしてのスキルを学ぶことができずに、本来なら成功できたはずなのに失敗してしまう事例が多くなります。また、創業者がCEOとして経験を積み成長するのを待たずに、創業者を追い出してプロの経営者と入れ替えようとすることも少なくなかったようです。実際、ホロウィッツも付き合いのあったベンチャーキャピタリストから、資金調達直後の最初の会合で「君らはいつ本物のCEOを雇うのだ？」と尋ねられたといいます。

自分たちの最大の投資家が、自分と自分のチームの目の前で自分を偽物のCEOであると宣言したことに、ホロウィッツは大きく憤りを感じたのでした。その時の発言は1日として忘れることはなかったといいます。幸いにもホロウィッツはその後何年もCEOとしてとどまることができたのですが、CEOとして押さえておくべき基本的な事項に関して誰からも有益なアドバイスをもらえなかったことを非常に非効率と感じたようです。

この時の経験から、ホロウィッツは自ら新しい形のベンチャーキャピタリストを目指します。創業者CEOは、当然のことながらまだCEOとしてのスキルを持ち合わせていません。また、経営者としてアドバイスを得るネットワークもありません。投資家であるベンチャーキャピタリストはこのような創業者CEOの弱点を補うべきであり、単なる資本の提供者を超えて、創業者CEOのスキルの習得とネットワークの拡大を支援するサポーターになれるはずだと考えたのです。

単なる資本の提供者ではなく、知恵の提供者として

さて、このことは日本のベンチャーとベンチャーキャピタリストのあり方にも重要な示唆があると筆者は考えています。日本では長年、ベンチャーが育たない時代が続きましたが、米国における旧来型のベンチャーキャピタリストのアプローチは、日本では大企業主体の労働市場のあり方もあり、なかなか根付きませんでした。何よりも、若者がベンチャーを立ち上げようにも、成功者をつくり上げる具体的な仕組みが成立していなかったことに大きな問題があったと見ています。

ホロウィッツのベンチャーキャピタリストとしての新たな旅路は成功裏に進んでいます。昨今のネットやデジタル技術の急速な発展もあり、テクノロジー系のベンチャーが多く誕生する時代背景も大きく作用したと考えられます。テクノロジー系の企業を経営するのに最適な人々はテクノロジー系の創業者であり、現実にその多くがＣＥＯとしてのスキルを十分持ち合わせてはいません。ホロウィッツはフェイスブックやツイッターの創業者ＣＥＯのスキル面を、ベンチャーキャピタリストとして積極的に支援していったのでした。

単なる資本の提供者ではなく、創業者ＣＥＯに対する知恵の提供者である新しいベンチャーキャピタルの形態は、米国ではベンチャー活動の裾野をより一層広げる推進力として、そして日本ではベンチャー活動の本格拡大の火付け役として期待されているのです。

2　ＣＥＯの仕事とは――行動様式獲得には時間と根気

ホロウィッツはＣＥＯとして活躍するためには、逃げることなく困難に立ち向かうことが絶対的に必要だと主張します。

CEOは皆、孤独で極度なプレッシャーの中で異常な心理状態に陥ります。時に会社の生死に関わる、社員の多くに悪い結果をもたらすかもしれない問題を、ギリギリの状態で誰に相談することもできない中で検討します。CEOを目指す方々は高い目的意識を持ち自分の仕事に深くコミットしています。それでも「もうこんな仕事は投げ出したい」と思う瞬間が繰り返し訪れるのです。

著者は成功したCEOに会うたびに「どうやって成功したのか」と聞きます。凡庸なCEOは、優れた戦略的着眼など自己満足的な理由を挙げる傾向があるようです。一方、偉大なCEOたちは端的に「私は投げ出さなかった」と答えます。成功するためには、困難な環境下でも逃げることなく自分の心理をコントロールする絶対的な力が求められるのです。

そもそもCEOという仕事は人間本来の姿からすると不自然な動作の連続だとホロウィッツは言います。彼はこの点で類似性のあるボクシングを引き合いに分析します。例えば後ろに下がるときには後ろ足から先に動かさなくてはいけない。前足から下がると、相手のパンチを避けられずに簡単にノックアウトされてしまう。こうした不自然な動きが自然にできるようになるには長時間の練習が必要になります。

ＣＥＯは（人間であるため）本来的には人々に好かれる行為をとりたがります。しかし、長期的に人々の支持を得ようとするならば、時には短期的に人を怒らせるような行動をとらなくてはいけません。もしＣＥＯが人間としての自然な動作を毎日繰り返していれば、あっという間に会社経営の場でノックアウトされてしまいます。ＣＥＯという仕事も長い時間をかけて、根気強く、必要な行動様式を獲得していく必要があるのです。

〈ケーススタディ〉ＣＥＯの能力は生まれつきのものか？　後天的に育てられるものか？

ホロウィッツは、ＣＥＯ／リーダーに必要なスキルとして以下3点を挙げます。

第1に、ビジョンをいきいきと描写する力です。ホロウィッツはこれを「スティーブ・ジョブズ属性」と呼びます。米アップル創業者のスティーブ・ジョブズ氏のように興味深く、ダイナミックに、かつ説得力をもってビジョンを語ることができるか。特に会社が危機にあるときにそれができるか。ジョブズ氏はアップルを辞めて起業したNeXTがビジネス上の失敗を長く続けるなか、優秀な社員を自分に従い続けさせました。また、倒産まで数週間という危機に陥ったアップルでも社員にビジョンを信じさせたことがありました。ジョブズ氏は傑出したビジョナリーリーダーであったとホロウィッツは分析します。

第2に、正しい野心を持つこと。我々の社会（特に米国において）に行きわたっているひどい誤解の一つは、CEOになるためには利己的、冷酷、非情な人間でなければならないというものです。実際にはそれとは全く逆であるとホロウィッツは言います。CEOとして成功するには、人々がCEOのために働きたいと思うような人間でなければなりません。賢明な人間は、自分たちの利益に心を配らないような人間のために働こうとは思わないからです。このような能力に傑出している人物（彼と親交があったアップルの元幹部）の名前を取って「ビル・キャンベル属性」と呼びます。

第3に、ビジョンを実現する能力です。社員がリーダーのビジョンを理解して、リーダーが自分たちのことを気遣っていると信じたとします。最後の問題は、そのリーダーがそれをやり遂げる能力があるかどうかです。ホロウィッツはこれを「アンディ・グローブ属性」と呼びます。アンディ・グローブ氏は、メモリービジネスから撤退してマイクロプロセッサービジネスへインテルを導きました。その戦略を迅速かつ断固として実行に移し成功させたのはグローブ氏の力です。なお、ホロウィッツはグローブ氏の主著である『インテル経営の秘密』を世界最高の経営書と賞しています。

CEOになるためのトレーニングは存在しない

それでは、偉大なCEO／リーダーは生まれついてのものなのか、努力によって育つものなのでしょうか。

ホロウィッツは生まれながらの部分はあるにせよ、努力によって補うことが可能であると考えます。何よりもいったんCEOのポジションについたのであれば、これら3つのスキルを伸ばすことに十分な時間を使うよう促します。CEOは3分野全てに自己改善の努力を怠ってはいけません。一つの属性を改善する努力は他の属性にも好影響を与えます。その意味で、ホロウィッツは短期的にその人間がCEOとしての能力を保持しているか否かを判断することはできないと説きます。

この点、CEOになるためのトレーニングが存在しないこともCEOとしてのスキル獲得を難しくしている要因だとホロウィッツは分析します。確かに、CEOとして成功するために必要なトレーニングは、実際にCEOになる以外にないのです。マネジャーとしての事業運営の経験は、CEOとしての会社運営には全く役に立ちません。そして、教室の講義でプロのスポーツ選手が養成できないのと同様に、教室の講義でCEOのスキルは身につかないのです。

困難から逃げない強い精神とCEOとして必要な3つのスキルを、CEOとしての実務を通じた絶え間ない努力の積み重ねで磨いていく。これはCEOとして組織を率いる道を選択した人の責務であると筆者は考えます。

3 次世代リーダーは意図して育てる

ホロウィッツはCEOには2種類あるといいます。

一つは会社の向かうべき方針を決めるのが得意なタイプです。戦略的思考に優れ、決断を下すことが好き。手ごわいライバルを相手にした複雑極まる勝負を楽しみます。一方、社員のトレーニングやパフォーマンス管理等、日常業務には退屈してしまいます。大部分の創業者ＣＥＯはこのタイプ①に当てはまります。

　もう一つは会社を能率的に運営するプロセスを完成させることに喜びを見いだすタイプ②です。明確な目標を設定し、その目標を変えることを好みません。業務プロセスの改良や社員の責任分担の明確化などを滞りなく進めます。一方で、自ら戦略的に思考するのは苦手で大きな決断を怖がりがちです。完璧な決断を目指すあまり、問題を必要以上に複雑にして悩む傾向があるようです。

　ホロウィッツは、立ち上げた企業を持続的に運営していくには、ＣＥＯとしてこの2つのスタイルを使いこなす必要があるといいます。実際、ベンチャー企業の創業者ＣＥＯが失敗する例の多くは、タイプ②の要素を取り入れられなかったパターンです。偉大なＣＥＯになるにはこの2種類がともに必要ですが、多くの人はどちらかを得意とすると解釈できます。

　事業が拡大し組織が大きくなるにつれて、意思決定を効率化するためにリーダーシップが多層化します。その結果、ＣＥＯは通常、タイプ①の役割を強く求められることになります。このとき、直属の部下に類似のタイプがいると生産性にネガティブな影響が出ます。そのためタイプ①に優れたＣＥＯは、部下にタイプ②として機能する人を欲しがるのです。

ここでパラドックスが生じます。自然に対応していくと、次のリーダー層の中にタイプ①を担える人材が育ちません。ベンチャー企業といえども企業として継続していく上で、意図して次世代リーダーを育成する仕組みが必要になるのです。

〈ケーススタディ〉事業継続上の3つの留意点——ヒトの評価、解雇、社外の活用

ホロウィッツは立ち上げた企業が事業を継続していく上で「ヒト」を効果的に活用することがいかに重要であるかを、本書の中で繰り返し述べています。日米の労働慣行の違いもあり、彼の留意点の全てを参考にすることは難しいですが、日本の経営にとって示唆があるポイントを以下にまとめておきたいと思います。

最も頭のいい人間が最悪の社員になる

第1に、ヒトの評価です。ホロウィッツは社員に必要な資質は知性だけではないと主張します。会社に本来的に貢献する社員とは、勤勉で信頼がおけ、良きチームメンバーである人材だと考え、その視点でヒトの採用をすべきだと述べています。

どうしても我々は知性を過度に重視してヒトを採用し、評価してしまいます。確かに、我々の仕事はいずれも難しく、複雑であり、競争相手はものすごく優秀な人々です。知性の高い人間が戦力として必要であることは事実です。しかし、ホロウィッツ自身がCEOを務めていたときに、それが行きすぎたがために「最も頭のいい人間が最悪の社員になる」状況をつくり出してしまったといいます。会社が健全に事業を成長、継続させていくためには、様々な背景、性格、仕事のやり方の持ち主が、個性を生かして能力を発揮できる環境をつくることが何よりも重要なのです。

信頼を取り戻すには包み隠さず伝えよ

第2に、ヒトをどう正しく解雇するかについてかなり深く考察しています。ホロウィッツはCEOとして何度も倒産の危機に遭い、3回のレイオフ（解雇）で計400人の社員を失ったと記しています。しかし、彼はこのような激しいレイオフを繰り返しながらも10億ドル以上で売却されるまでに会社を復活させました。そのような企業は極めてまれであり、実際、彼の知人の熟練ベンチャーキャピタリストはこの事実に大いに驚きます。通常、過度のレイオフは会社の文化を壊すことになります。特にベンチャーの場合、同僚がレイオフされるのを見たあと、他の社員は会社再生に必要な犠牲を払おうとはしなくなるものです。

ホロウィッツが実践した原理原則は極めてオーソドックスです。なぜレイオフをしなければいけないかという事実を社員にストレートに伝えることを徹底したといいます。CEOがレイオフを実施するのは会社が計画を達成できなかったからであり、失敗したのは会社で、個人ではない。CEOが失敗を皆の前で認めることが必要だといいます。レイオフはこれまでの信頼を打ち崩します。それ故に、信頼を取り戻すには包み隠さず状況を伝えなければなりません。「信じてほしい。これは皆にとって良いキャリアになる」。ホロウィッツはこう社員に真摯に語ったといいます。

改めて言うまでもないですが、日本と異なり米国では業績悪化時にレイオフを経営のドライバーとして活用することが可能です。日本の経営者の方とお話をすると、米国の経営者は解雇が自由にできる、日本の経営者は自由にできない、そこに大きなハンディがあるとのご意見をうかがいます。確かに、経営者目線では日本サイドにハンディがありますが、米国であっても解雇をうまく実践することの難しさを本書から学ぶことができます。

大組織を動かすスキルと、組織をつくり上げるスキルは異なる

第3に、社外の経験者をどう活用するかです。米国企業のガバナンス形態では取締役会が力を持っていますが、ベンチャー企業が一定の軌道に乗るとCEOに対して経験者を雇いなさいというアドバイスとプレッシャーをかけます。もう一段高いレベルでのビジネスを展開する上で、財務、営業、マーケティング等の専門知識を持った人材を雇用するように要請してくるのです。

ホロウィッツは大企業等の優秀な経験者を雇うことを否定はしませんが、自身の失敗の経験からその採用については慎重になるべきだといいます。特に、大組織を動かしていくのと、新たに組織をつくり上げるのには全く異なるスキルが求められます。大組織では複雑な意思決定、優先順位付け、組織設計、組織コミュニケーションが求められます。一方、組織の立ち上げにはこのようなプロセスは不要です。質の高い採用を行い、該当分野の強い専門知識を築き、ゼロから工程をつくり、非常に創造的に新しい方向性を設定し作業を進めることが求められます。

日本でも大企業の新規事業立ち上げに際して優秀な幹部候補を抜てきしたものの、失敗する事例をよく見ます。このようなケースでは、大きな組織での動き方に惑わされて新しい組織に見合ったスキルが伴っていない、そのようなインセンティブ設計ができていないことが失敗の原因として挙げられるように見受けられます。新たな組織で新たな事業を立ち上げるダイナミズムを理解した動き方を、担い手がよくよく理解しておくことが成功のために必要です。

4 企業の目的とは、良い会社であること

経営において従業員を大事にすること、働きやすい職場をつくることが何よりも重要だとホロウィッツは説きます。「人、製品、利益を大切にする——この順番で」と彼は言います。米国の有力ベンチャーキャピタリストといえば、株主至上主義的な教義を持っていると想像しがちですが、ホロウィッツの見方は全く異なります。

ホロウィッツは良い会社であること、それ自体が企業の目的であり、そうすることが企業の持続的成長を支えると考えます。投資家の興味は製品がどれくらい売れるかにあります。

しかし、利益を企業のゴールと考えるのは、「生きることのゴールは呼吸をすることだ」と言うようなものだと彼はいいます。

事業がうまく運んでいる間は、良い会社かどうかは社員にとってさして重要ではありません。会社が大きく成長しているときに社員が会社に居続ける理由は無数にあります。しかし、何らかの理由で事業の歯車が狂ったときに優秀な社員を会社にとどまらせる唯一の理由は、その仕事が好きということなのです。

よい会社では人々が自分の仕事に集中し、その仕事をやり遂げれば会社にも自分にもよいことが起こると確信している。このような組織で働けることが真の喜びとなります。誰もが自分のすることは効率的かつ効果的で、組織にも自分にも何か変化をもたらすとわかっている。それが彼らの仕事への意欲を高め、満足感を与えるのです。

一方で不健全な会社では、皆が多くの時間を組織の壁や内紛や崩壊したプロセスとの戦いに費やしています。自分の仕事が何なのかさえ明確ではなく、自分が役割を果たしているかどうかを知る由もありません。

毎日、起きている時間の大半をここで過ごす人たちが良い人生を送ることは、自分にとって大切であり、そのことが自分が会社に来る唯一の理由であると、ホロウィッツは言うのです。

〈ケーススタディ〉良い企業文化を構築するために

ホロウィッツは言います。現実のほとんどの職場は、良い場所とはかけ離れている。組織が大きくなるにつれて、大切な仕事は見過ごされるようになる。熱心に仕事をする人々は、社内政治に秀でた人に追い越される。良い会社としての企業文化の構築は、会社が持続的、継続的に成長していくためにきわめて重要な要素ですが、それは並大抵なことではありません。

では、良い会社にするためにCEOが心がけなければいけないことは何でしょうか。以下、ホロウィッツの本書での議論を参考にしつつ、筆者が様々な企業のトランスフォーメーション（構造改革）や企業カルチャー（文化）の構築を支援してきた経験を基に、考えてみたいと思います。

Vision を超えて、存在意義を見いだす

第1に、会社のVision（どうなりたいか）を超えて、企業の目的（存在意義、なぜ我々は存在するのか）を見いだすことが必要です。他の企業との合併や事業の失敗からの企業再生（ターンアラウンド）等の特別な局面では、会社を新たに出発させるという視点でカルチャーの改革は必須の取り組み事項です。しかし、平時においても、知らず知らずのうちにカルチャーが業績停滞の根源となるケースがあり、この改革はCEOが主導して着手する必要があります。

会社の目的（存在意義）は、「社員のニーズ」と「顧客をはじめとする世の中のニーズ」の双方を満たすものでなくてはならない、そうでなければ持続性が担保できない、と筆者は考えています。その企業の真の目的を見いだすためには、まず社員、顧客、専門家、株主等から多角的に企業に対する声を洗い出した上で、シンプルなメッセージに落とし込む必要があります。そして、発見した目的を机上の空論ではなく真の目的として社内に根付かせるには、CEO自らが目的を企業の最重要テーマと位置付け、目的に基づいて戦略、制度、ツールの全てを作り変えていかなければなりません。

物事をありのままに伝える

第2に、CEOは、上述のように見いだした会社の目的を、真摯に繕うことなく、社員に継続してしつこくコミュニケーションを展開していくことが必要です。

CEOの立場の方から、自分は何度も繰り返し語っているのに社員は何も理解してくれない、という嘆きの言葉をよく聞きます。しかし、CEO自身は（同じ言葉を）何度も語っているかもしれませんが、何百人、何千人、何万人の社員からすれば、同じことを3度聞いて、ようやく理解できる水準になります。それが本当に腹落ちし、実際の行動に結びつくためには、CEOを含めた経営トップ層からの継続したコミュニケーションが絶対的に必要です。

このときに、会社のありのままを繕うことなく語るべきです。ホロウィッツもCEOが物事をありのままに伝えることは信頼を構築する上で決定的に重要だといいます。社員との間で信頼を構築することで会社経営を効率的に進めることができます。信頼があるところでは最低限のコミュニケーションで済みますが、信頼がない関係では、これは成立しません。信頼があるからこそ、多くの優秀な社員を巻き込むことができるのです。

さらには、物事をありのままに伝えることが会社の危機を救うことにつながります。失敗した会社を調べてみると、多くの社員が、致命的な問題が会社を死に至らしめるずっと前からその問題を知っていたと判明することがあります。命取りになる問題に気付いていたのに、なぜ、何も言わなかったのか。多くの場合、会社の文化が悪いニュースを広めることを妨げ、手遅れになるまで眠ったままになっていたのです。問題を隠しだてせずに自由に語れる会社は、迅速に問題を解決できます。

CEOは何も遠慮することはない

第3に、CEO自身が改革の先頭に立って推し進めることです。CEOは、そうはいっても自分が会社において唯一の最高位のポジションにあり、自分は全ての悩みを抱えていなければなりません。同時に、あまり自分が前面に出過ぎることで社員の側が冷めてしまうのではないかという余計な考えを持つことが多いようです。現実には、社員は良い会社を構築しようとするCEO自身の熱い思いと具体の行動を求めています。

この点でCEOは何も遠慮することはないのです。良い会社を構築するという正しい哲学のもと、個人としての熱い思いを自分の言葉で語り、模範として行動を示すことを社員は求めているのです。

7

『イノベーションと企業家精神』

ピーター・ドラッカー著（邦訳・ダイヤモンド社〈エッセンシャル版〉、２０１５年）

――一つの目標に資源を集中させせよ

森下幸典（ＰｗＣコンサルティング）

1 変化は成長の機会——勘に頼らず、原理を学ぶ

マネジメントの父といわれるドラッカーは、イノベーションは才能やひらめきに頼る必要はなく、誰でも学び実行できるものと考えました。それらを方法論としてまとめた著作『イノベーションと企業家精神』は、ドラッカーが75歳の1985年に刊行されました（その後、エッセンシャル版が2015年に刊行）。

ドラッカーはイノベーションを「意識的かつ組織的に変化を探し、人が利用の方法を見つけ経済的な価値を与えること」と定義します。これは企業家に特有の道具であり、企業家精神とは「既に行っていることをより上手に行うことよりも、まったく新しいことに価値を見いだすことである」と強調しています。

経済活動を行う上でリスクはつきものであり、企業家は変化を当然のこととして捉えて対応し、成長の機会として利用しなければなりません。そしてこれらを勘に頼るのではなく、原理を学び実務として行うのです。

企業家は自らが予想していなかった形で成功してしまうことがあります。ですが、人間は誰しも長く続いてきたものが正しいと考えがちであるため、簡単には変化を認めることができません。しかし、それを体系的に捉え分析することによって、大きな成果につながる可能性があるのです。

現実にあるものとあるべき姿の間にはギャップが存在します。需要は伸びているのに業績が伸びない「業績ギャップ」、物事を見誤り間違った方向に努力する「認識ギャップ」、企業側が考える顧客にとっての価値と実際との間にある「価値観ギャップ」などです。

必要は発明の母というように、まだ存在していないニーズを見つけることも重要です。課題を分析し弱みや欠落を補う「プロセス・ニーズ」、ロボットを活用した省力化等の「労働力ニーズ」などがその例です。そして、それらは明確に理解されているか、現在の技術で実現可能か、使う人たちの使い方や価値観と解決策が一致しているか、といった観点から検証が必要です。

〈ケーススタディ〉既存の金融サービスを破壊するフィンテック

ドラッカーは本書で「経済においては購買力にまさる資源はない」と言い、購買力もまた企業家のイノベーションによって創造されるとして、19世紀初めの米国における割賦販売の考案例を挙げています。当時、米国の農民には十分な購買力が無く、必要な収穫機を買うことができませんでしたが、サイラス・マコーミックが割賦販売を考え付き、農民は未来の稼ぎから購買力を創出することができるようになりました。

現代では金融とＩＴ（情報技術）を融合したフィンテックと呼ばれる金融サービスのイノベーションが活発に行われています。これは、既存の金融サービスに対して適用される技術革新、あるいは既存の金融サービスそのものを破壊するような革新的なサービスを指します。

英国に拠点を置く金融業A社は、海外送金にかかるコストに着目し、各取引先の海外送金ニーズをマッチングすることで全体のコストを抑えられないか、と考えました。通常、海外取引先との決済やグループ会社への送金などは銀行を通す必要がありますが、これを介さない仕組みをつくれば、為替レートに上積みされているマージンや手数料を低減することが可能になります。

A社は銀行より手数料を安価に設定するとともに、リアルタイムの為替レートに適応し、マージンを一切取らないこととしました。これにより、サービス利用料に対する透明性が飛躍的に向上しました。運営に関しては、サービス対象国にA社の口座を持ち、海外送金のニーズがあるユーザーをウェブ上のアプリケーションを使って照会し、各国の口座間で現金を移動させます。すなわち、実際の現金は国境をまたがずに全て国内の口座でやり取りされるため、通常の銀行取引で発生するコストが全くかからないことになります。英国では欧州各国への送金ニーズが高いため、A社のサービスは高く注目されています。

B社は米国に拠点を置く新興企業で、中小企業を対象とした債権譲渡サービスをオンラインマーケットプレース上で提供しています。一般に大手企業から求められる支払い条件は30~120日の後払いが多く、中小企業には大きな負担となっています。まだパイロットユーザーを対象とした試験運用の段階ですが、このサービスは中小企業のキャッシュフローの最適化に役立つものとして期待されています。

B社は登録会社がオンラインプラットフォーム上に上げた納品書や請求書を買い取る仕組

みを提供します。それにより、登録会社は即時に現金化することが可能になります。また、登録会社の経理ソフトや銀行が提供するプラットフォームと連携しているため、請求書の発行情報から未払い・遅延などのステータスの表示や、買い取りの提案などをシームレスに行うことが可能になります。

ドイツに拠点を置くC社はサプライチェーンファイナンスサービスを提供しています。大手クレジットカード会社と提携してグローバルに事業を展開し、企業同士が銀行信用状が必要とされるような大規模な取引を行う場合に、発生するリスクを低減することを目的としたエスクローサービス（商取引の安全性を保証する仲介サービス）を提供しています。

銀行信用状を利用する場合、常に一定額以上の口座残高を確保しておく必要があり、その上さらに手数料が掛かります。C社のサービスでは、購入者が一時金をC社の口座に預け、入金が確認された後に販売側が納品します。購入者は品物を受け取り、品質を確認し、発注通りである場合にC社が販売側に入金します。第三者であるC社が介在することにより、双方のリスクをコントロールすることができます。

さらに、各社の経理システム、販売システムと連携してスピーディーに処理を行ったり、ブロックチェーン（オープンネットワーク上の分散型台帳）を活用したスマートコントラクト（契約の自動化）を提供したりして、安全性、透明性を高めています。

2 変化を察知するには——現場で実際に見聞きを

ドラッカーは「あらゆる企業が事業の意義を問い直さなければならなくなる」と警告します。産業や市場の構造は小さな力で簡単に崩れる可能性があり、いつまでも同じ仕事のやり方をしていたのでは生き残れません。しかし、この構造変化がイノベーションの機会となり、そこに企業家精神が求められるのです。

人口構造の変化は比較的容易に予測できますが、多くの企業や公的機関の対策は十分とはいえず、イノベーションの機会となります。ドラッカーは「変化を敏感に察知するためには現場に出て実際に見聞きすることが重要だ」と強調します。

医療技術は進歩しているのに健康不安を感じる人が増えるなど、実態に変化が無くても世の中の認識が変わったとき、イノベーションの機会が生まれます。これにはタイミングが重要で、常に変化の近くにいて敏感な人が成功するといいます。

　新しい知識が出現してから技術として応用できるまでには時間を要しますが、ひとたび実を結べば市場で大きな注目を集めます。リスクが大きい分リターンも大きいといえるでしょう。生き残れるのはわずかであり、そのためには科学や技術だけでなく様々な要因の分析や、特にマネジメントと財務について先見性を持つことが重要です。

　全く新しいアイデアに基づくイノベーションは多数存在します。しかし、これらは予測が難しく組織化や体系化が困難なため、成功確率は一番小さいのが現実です。

　ドラッカーは必ず行うべきこととして「機会を分析すること」「知覚的に認識すること」「焦点を絞り単純なものにすること」「小さくスタートすること」を挙げます。逆にやってはならないこととして「凝り過ぎてはならない」「多角化してはならない」「未来のために行ってはならない」点を強調します。そして成功するには「集中すること」「強みを基盤とすること」「経済や社会を変えること」が条件だと主張しています。

〈ケーススタディ〉ソフトウエアロボットがもたらす生産性向上

製造業を営むD社では中長期的な経営課題として、人材確保の問題が経営の維持、成長のボトルネックになるであろうと捉えていました。特に日本国内では高齢化、少子化による労働力の減少が見込まれており、既に派遣社員の正社員登用が加速化するなど、人材の囲い込み競争が激しくなっています。

一方で、グローバル化するビジネス環境の中で業務の24時間対応が求められていますが、新興国では経済発展に伴って労働単価が高騰しているためアウトソーシングにも限界があるといった問題があります。すなわち、人材育成および人材活用にかかるコストが、企業経営に大きな負担としてのしかかっているのです。

そこでD社は可能な範囲で業務を自動化できないかを検討することにし、「ロボティック・プロセス・オートメーション（RPA）」という技術に着目しました。これは、通常業務で人間が実施している処理をソフトウエアロボットが代行処理することで自動化を実現する技術です。ロボットというと人間の形をした機械がオフィスに来て働くようなイメージをもってしまうかもしれませんが、ソフトウエアロボットはパソコンやサーバーなどのコンピユーター内部で動くものであり、姿形は存在しません。人間が業務情報をシステムに入力したり、その結果を確認、参照してリポートを出力したり、別のシステムに転記するといった一連の業務を機械上でソフトウエアが全て代行処理するのです。

この技術は迅速かつ比較的安価に業務自動化を実現するための手段として注目を集めています。人工知能（ＡＩ）と違って、あらかじめ定められたルールにのっとった処理を自動化および反復するものであるため、既にあるシステムを生かしながら付加的に装備することができます。維持費もソフトウエアの利用料とメンテナンス費だけであり、人材の採用や教育費に比べればはるかにコストを抑えられます。

また、人間が行う業務は月次、週次、日次等のサイクルになりますが、ロボットなら分あるいは秒単位で処理を行うことができます。さらに、どんなに正確さを追い求めても人間の行うことにはミスが発生しますが、ロボットならそれを限りなくゼロに近づけることができ、コンプライアンス上も客観性を完全に保証することが可能です。近い将来、人間が定型的な事務処理に追われることはなくなり、オフィスの風景も一変するかもしれません。

Ｄ社はソフトウエアロボットに担当させるのにふさわしい業務を決めるにあたって、電子化が可能なこと、定常的に発生すること、ルールを明確化できること、論理的に判断できること、などの条件を定義しました。具体的には、単純な伝票入力業務、経理申請、給与明細の内容確認、IDやコードの登録、システム間の転記などが適合性の高い業務に該当します。従来、紙の伝票や領収書から収集していた情報も、スキャナーでコンピューターに取り込んでデータ化することによって自動処理が可能になります。

D社では、RPAに置き換えた業務に関して、年間の人件費と比較して約10分の1にまでコスト削減を実現しました。これまで単純な事務作業に従事していた人員は、配置転換することによって顧客対応などより付加価値の高い業務に時間を使うことが可能になり、会社全体の生産性が向上して顧客満足度も向上するといった波及効果が生まれました。

3 ベンチャー成功のカギは市場に焦点を合わせること

ドラッカーは「企業家精神が無い企業は、急激な変革の時代を生き抜くことはできない」と断言します。一方で、既存の企業にこそ企業家的なリーダーシップの能力があると強調します。既存の企業には豊富な人材があり、既に事業をマネジメントしているからです。

企業家精神を発揮するには組織全体に企業家的なものの見方やイノベーションへの受容性、新しいものへの貪欲さを浸透させる必要があります。既存の事業よりもイノベーションが魅力的かつ有益であることを周知し、変化を脅威ではなく成長の機会とみなす組織をつくることが重要です。

業績評価にもイノベーションの成果を組み込まなければなりません。新事業は既存の事業から分離し、企業家精神に報いる形で体系的に評価します。管理部門の下に置いたり、得意分野以外でやろうとしたり、ベンチャーを買収して安易に企業家的になろうとするとうまくいきません。

組織や人事、報酬についても特別の措置を講じる必要があります。最高の人材を自由にし、十分な資金を投じることが重要です。ライフサイクルを前提に製品やサービスの現状を分析し、何を、どの領域で、いつまで行うかを決めます。実際に必要な規模より大きめに目標を設定し、実行には明確な期限を設けます。

公的機関にとっても今日のような変化の激しい環境は脅威であり機会にもなります。利益という評価手段が無く規模の成長を追い求めるため、新しい事業を始めることは異端とされますが、社会的イノベーションの必要性は高まっています。

ベンチャー企業はいかにアイデアや製品が優れていても、事業としてマネジメントされなければ生き残れません。ドラッカーはベンチャーが成功するには「市場に焦点を合わせること」「財務上の見通しについて計画を持つこと」「トップマネジメントチームを早い段階から用意すること」などが必要だと主張しています。

〈ケーススタディ〉埋もれたアイデア・技術を発掘せよ

欧州にあるE国の政府は、今後の自国の経済発展の手段としてイノベーションに大きく期待しており、これまでも様々な大学や調査・研究機関に資金面の支援を行ってきました。しかし、これらの組織は調査・研究の能力は高いものの、それをどのようにビジネスで活用するかについては知見がなく、多くの素晴らしいアイデアや新しい技術が埋もれたままになっていました。

そこでE国政府は外部専門家のアドバイスを受けながら、これを資本化して推進することが必要だと考え、「ナショナルR&Dセンター」と命名した専門チームを立ち上げました。このチームの主なミッションはE国内に数多く存在する様々なプロジェクト案件を調査し、その中から商業化するための支援を行う対象案件を選定することです。

E国は最初の段階として、現在あるプロジェクトの中から比較的規模の大きい150のプロジェクトを抽出し、これらを調査しました。技術的な強みは何か、どの段階まで開発が進んでいるか、技術のオーナーシップと知的財産保護の状況はどうかといった点を確認するとともに、対象事業の商業化の可能性がどのくらいあるか、また経験についても評価して絞り込みを行いました。

次に、その中から選ばれた30のプロジェクトにさらに詳細なレビューを実施し、最終的に15のプロジェクトに対して商業化の支援を行うことを決定しました。選ばれたプロジェクトそれぞれについて潜在的な投資家の洗い出しを行い、提案書の作成や企業価値評価などの準備を行って、投資家との交渉を開始します。ナショナルR&Dセンターはこれらの一連のプロセスを支援しました。

支援を受けたプロジェクトの一例として、スタートアップ企業に対する「プロボノサービス」があります。プロボノ（Pro bono）とは、弁護士、会計士やシステムエンジニア、金融マン、官公庁職員、デザイナー、ベンチャー企業社長などの専門家が、それぞれの知識や経験を生かして、基本的には無報酬で社会貢献活動を行うことです。

多くのスタートアップ企業は新しい事業のアイデアや素晴らしい技術を持っていても、経営のノウハウに関する知識や経験が不足していたり、会社組織を維持、発展させるための体制が十分に整っていなかったりするケースが多く、これらに対して外部の専門家が支援しようというものです。具体的には、経営戦略やビジネスプランの策定、資金調達方法の検討、会社設立手続き、税務、会計システム導入、報酬体系の設計、従業員に対する研修などが支援の対象になります。

例えば、大学のインキュベーション推進室がこういったスタートアップ企業に対して特別な研修を提供したり、メディア企業がこのような活動を積極的にプロモーションして対象企業の露出を高めたり、ソフトウエア企業がコミュニケーションのためのツールを提供したり、というように、大きな組織の力を借りることによって新興企業の事業が発展する可能性が高まります。

E国はナショナルR&Dセンターの活動を通じて多くの新規事業の立ち上げを支援し、数十億円規模の経済効果を生み出すことに成功しました。現在は、この活動を継続するとともに、さらなる発展を目指し、規模の大きなビジネスパートナーを求めて調査を行っています。

4 競争に打ち勝つには

ドラッカーは企業家精神を発揮するためには組織内部のマネジメントに加えて、市場に関わる原理と方法が必要なことを強調し、それを「企業家戦略」と定義します。

その一つが「総力戦略」です。企業はこの戦略によって新たに大きな産業を生み出し、市場で最初からトップの座を得てそれを永続させます。成果は大きいのですが、失敗が許されず、チャンスは二度とありません。

よって、思いついたアイデアをすぐに実行するのではなく、明確な目標を1つ掲げて経営資源を集中させます。そして、成果が出始めたら大量の資源を追加投入しなければなりません。さもなければ、すぐに競争相手に市場を奪われます。さらに、競争相手よりも先に自らの手であえて製品やプロセスを陳腐化させたり、価格を計画的に下げたりといった努力も必要となります。

ドラッカーは「創造的模倣」という概念を定義し、「ゲリラ戦略」について述べています。誰かが行ったことを模倣しながら、最初にイノベーションを行った者よりもその意味をより深く理解し、より創造的なものに仕上げ、短期間に市場を奪う戦略です。既に製品が市場で受け入れられているためリスクを小さくできる利点があります。

専門技術や専門市場など限定された領域で実質的な独占を目指す「ニッチ戦略」は、成功してもほとんど目立たず、無名なままかもしれません。しかし市場における製品の重要性は高く、それらの企業はライバルからの脅威にさらされること無く、優雅に暮らすことができます。

ドラッカーはまた「イノベーションの価値は、顧客のために何を行うかによって決まる」と言います。顧客は企業が算出するコストにではなく、価値に対してお金を支払います。そして最後に「我々はイノベーションと企業家精神が当たり前のものとして存続していく企業家社会を目指すべきだ」と主張しています。

〈ケーススタディ〉既存事業の枠にとらわれず、多様性のある議論を生む

通信業F社では、15年後に向けた長期ビジョンの策定と新規事業案の創出に取り組んでいます。現在の事業環境がそのまま継続するものとせず、既存の業界や事業コンセプトそのものが変わっていく前提で、どんな会社を目指すべきかを議論します。そのためには、一部の限られたメンバーだけで戦略やビジョンを策定するのではなく、発想を転換する必要があります。そこでF社は次世代のリーダー候補である若手社員を中心に、数回のワークショップを実施することにしました。

既存事業の枠にとらわれず、違う視点で考えられる人を集めて多様性のある議論を生むために、ワークショップに参加するメンバーは次のような構成としました。

①担当業務の異なる若手（営業、技術、システム、企画、カスタマーサポートなどの20歳代後半〜30歳代前半の社員）

②内部アドバイザー（様々な部署のエキスパートとされる40歳代後半～50歳代前半の管理職）
③外部アドバイザー（ベンチャーの起業や経営経験のある社外の人材）
④全体のファシリテーター（社外の人材）

実際に参加した社員からは、「これまでは既存の考え方の中で業務を遂行してきたが、他人の考え方や進め方を知って自分の視野の狭さが分かった」「あまり接点のなかった他部署の業務内容について知ることができた」「長期的な視点で新規事業を考える難しさと楽しさを経験できた」などのポジティブな反応が返ってきました。

ワークショップの進め方は3つのステップに分かれます。第1回はビジョンの構築及び事業テーマの抽出、第2回はビジョン実現に向けた事業アイデアの創出、第3回はビジョン実現に向けた事業案の具体化とアクションプランの決定を目標とします。そして、最終的な事業案とアクションプランについて、ロードマップを描いて最終報告とします。

第1回の「ビジョンの構築および事業テーマの抽出」では、F社が将来どうありたいかを創造し、15年後のビジョンを策定します。まず、「ありたい・なりたい姿」を考えてグループで議論します。各グループから有力な案を発表し、全体で投票して1つに絞り込みます。

第2回の「ビジョン実現に向けた事業アイデアの創出」では、描いた15年後のビジョンを達成するための事業アイデアを創出し、取り組むべきテーマを決めます。F社の強みを抽出し、それと成長領域である他業種とを掛け合わせ、アイデア創出を行います。様々なメンバーのアイデアを共有し、議論しながらさらに広げたり組み合わせたりしながらブラッシュアップします。そして、投票形式で最も支持された事業アイデアを選び、これをアクションプランの作成対象とします。

第3回の「ビジョン実現に向けた事業案の具体化とアクションプランの決定」では、取り組むべき事業アイデアを具体的なアクションプランに落とす作業を行い、具体的なデータ収集や市場リサーチなどの方法を検討します。そして、15年後の最終目標を明確にし、そのために必要とされる作業を洗い出してアクションプランを作成します。

ロードマップを最終化する上では、事業アイデアを「既存、延長線、新規」の事業軸に分類して、レバレッジが効く、あるいはシナジー効果が生まれる可能性のある要素を洗い出します。これにより、重点的に取り組むべき活動が明確になります。そして、これらの事業アイデアを実行するためには継続して精緻な調査とさらなるアイデアの具体化が求められます。特に、既存、延長線、新規の各事業を並行して検討することと、参入候補の市場調査と分析、事業内容と提供する価値の定義、ビジネスモデルの構築などが重要となります。

8

『経営戦略の思考法』

沼上幹著（2009年、日本経済新聞出版社）

――考え続けることが英断を生む

平井孝志（筑波大学大学院ビジネスサイエンス系）

1 戦略理解の出発点——5つの視座から戦略を捉える

『経営戦略の思考法』は、一橋大学の沼上幹氏が広く経営戦略論を俯瞰し、その全体像と論理を描いた良書です。沼上氏がまず指摘するのは、何をもって経営戦略と呼ぶのかという根本的な質問です。社員が「うちの会社って戦略がないよね」と口にした時、果たしてそれぞれのメンバーが同じ認識を持っているかどうか、という問いかけでもあります。同じ認識を持っていなければ、当然、そこから導き出される答えも異なります。そうすると、組織がベクトルを合わせて動くことは期待できません。

戦略は多様な側面を持ちます。ミンツバーグは『戦略サファリ』の中で経営戦略論を10の学派に分類しました。沼上氏は、実務においては10の側面を考慮することは難しく、10は多すぎると主張します。そこで本書ではその半分の5つの側面で経営戦略を語っています。

まず1つ目は、戦略を「計画」と見る見方です。2つ目はそれとは逆に、戦略は最初から計画できるものではないと考えます。後から振り返ってみた時に理解できる何らかのパターンを戦略と呼んでいるにすぎないという見方です。言い換えると、戦略はトップダウンで事前に決めるものではなく、現場のミドルの相互作用から創発するものだという発想です。

3つ目は、有名な経営学者であるマイケル・ポーターを泰斗とするポジショニング・ビューという考え方です。その基本原理は「どこで戦うのか」を重視します。事業ポートフォリオを見直そうという発想も、どこかに儲かる場所はないかという発想であり、ポジショニング・ビューの考え方です。4つ目の視点は、その逆に、戦略を「何を武器に戦うのか」と捉えます。一般にリソース・ベースト・ビュー（資源ベースの戦略論）と呼ばるもので、戦略の根幹には競争優位を生み出すための経営資源があるはずだという考え方です。最後5つ目はゲーム論的アプローチです。つまり戦略の本質を、競争相手や取引先との「駆け引き」と見る考え方です。

これら5つの側面は相互対立的というより相互補完的です。これは、戦略を複眼的に捉える必要性があることを意味します。そして戦略を議論する際には複眼的な視点があるという共通認識を持つことが大事になります。その共通認識が効果効率的な戦略立案の第一歩になります。

〈ケーススタディ〉戦略は「海図」に例えられる

戦略は、今いる港から、目的地の港に至る航海のための海図（＝航海図）に例えることができます。つまり、「現状」と「あるべき姿」、その間をつなぐ「道筋」を含むトータル・ピクチャーです。戦略をこのような「海図」に例えると、異なる5つの戦略の視座が相互に補完的であり、それぞれが意味のある示唆を与えてくれることに気づきます。

まず1つ目の「計画」と見る見方は、主に「道筋」に着目しています。これから企業が辿っていく道筋を、あらかじめ描いてみようという試みです。当然、目的の港に至るまでには様々な困難が待ち受けているでしょう。船員は力を合わせてその困難を乗り越えていかなければなりません。計画するということはつまり、事前にボトルネックを明らかにし、シナジーを発揮しつつそのボトルネックを乗り越えていく方法を最初から考えてみることなのです。

2つ目の「創発」は「計画」を補完してくれます。ものごとはすべて想定通りに進んでいくわけではありません。そこでものごとは事前に想定できないという前提に立ち、道筋からそれた場合にどうすべきかの指針を与えてくれます。そこで重要となるのは船員、つまり、現場のミドルマネジメントです。現場のミドルが日々環境に適応するために行う努力が戦略にとっては本質的に重要なのです。つまり、「あるべき姿」に至るために船員が自由闊達に行動できるよう、組織の設計や人材の育成を行うことが重要であることを教えてくれます。

「必要な武器」は「どこで戦うか」によって規定される

3つ目のポジショニング・ビューは「どこで戦うか」に着目しています。海図で言うと、「現状」の立ち位置をしっかりと理解し、ベストな「道筋」に向けた戦い方のヒントを見つけることです。たとえば、今、カリフォルニアの港にいて、目的地がニューヨークの港だったとしましょう。南北アメリカをグルッと回るより、パナマ運河を通る方が速くニューヨークにつけるはずだということを分析的に発見するのです。ここで速く着くということは、ビジネスで言うとより大きく儲ける、利益率が高い、ということに相当します。ポジショニング・ビューは、より儲けるための分析的枠組みを与えてくれるのです。最も有名な枠組みはマイケル・ポーターのファイブ・フォーセズ・モデルです。自分のいる業界（現状）を、買い手、供給業者、代替品、参入業者、業界内の競争からの圧力によって理解し、儲かりやすい業界なのか、そうでないのかの判断をするために使います。そして、利益率の改善に向けては、その圧力が高いところを弱めるための方策に注力すべしという指針を与えてくれます。

4つ目の「リソース・ベースト・ビュー」はどんな武器を持つべきかに着目します。ポジショニング・ビューと同様に「現状」を理解し、ベストな「道筋」へと進むために必要なもの（資源・能力）は何かを明らかにしてくれる視点です。先ほどの例で、ニューヨークの港に行くためにパナマ運河を通るのならば、南北アメリカのどちらかをグルッと回るために必要となる大きな船体は不要どころかかえって邪魔です。大きすぎると運河を通れなくなってしまいます。また、通常陸地は風が弱いので、運河を進むためには何らかの動力が必要になります。帆船ではだめで、スチーム・エンジンを積んでおく必要があるのです。細い船体なのに、そこにスチーム・エンジンを搭載できる船が、まさに必要な武器になります。それが「コア・コンピタンス」です。

ただこのコア・コンピタンスは、パナマ運河を通るからこそ有効なのであって、南北アメリカをグルッと回る上では大きな帆船の方が安上がりで効果的かもしれません。あるいは大きな帆船しかないのであれば、そもそもパナマ運河を通るという戦略オプションは取りえません。このように「どこで戦うか」と「必要な武器」は相互に補完的だと言うことが分かります。そして、その双方の適合性があって初めて、現状から道筋へとしっかりと踏み出すことができるのです。

最後5つ目の「ゲーム論的アプローチ」は、「道筋」の選択肢を広げてくれる発想です。道筋は一つではなく様々なバリエーションが存在します。しかもその多くは状況次第という側面も含んでおり、どれが有効なのか見えにくかったりします。海図に例えると、カリブの海賊がどこでどう襲ってくるかによって、こっちがどう対応すべきなのかを考えることが必要だということです。ひょっとしたらアメリカ海軍が助けてくれるかもしれません。つまり、ゲーム論的アプローチは、競争と協調に着目しているのです。そこからは補完的経営資源の重要性が浮かび上がってきます。

良い戦略はどの側面から見ても優れている

このように5つの視座は相互補完的で、それらが組み合わさって「海図」の全体像が見えできます。逆の言い方をすれば、優れた戦略は、どの側面から見ても矛盾なく、うまく説明できることを意味しています。

たとえば、格安航空会社（LCC）のサウスウエスト航空は、それぞれの側面からその成功の要因を指摘することができます。

①「計画」：過剰サービスをそぎ落とした低料金の新しい航空会社のコンセプトとプランを策定して操業
②「創発」：従業員第一主義を貫き、社員独自のユニークなサービスが現場で発案され、実施されている。結果、顧客満足度も高い
③「ポジション」：大手航空会社が手薄な短距離路線にフォーカスし、価格感度と利便性感度の高い顧客に価値提供を行う
④「リソース」：ハブ・アンド・スポークではなく、ピア・ツー・ピアのネットワークを構築し、737一機種で非常に効率的な仕組みを作った
⑤「ゲーム」：アメリカ南部からビジネスを開始し、ゆっくりと成長しながら力をつ

け、後ほど大手航空会社が得意とする路線と競争するようになった

強い会社には、強い会社なりの戦略全体像「海図」が少なくとも存在しているのです。

2 持続的競争優位の構築――内向きの論理から崩れる戦略

リーダー企業としての戦略には、チャレンジャーが仕掛けてきた差別化を「同質化（模倣）」してしまうという定石があります。その逆に、チャレンジャー企業の戦略の定石は「差別化せよ」です。沼上氏はそれら定石の重要性を認めつつも、根本的な論理矛盾があると指摘します。

まずチャレンジャーの差別化は、経営資源の質と量において勝るリーダー企業に対して行おうとするものですから、元来相当に困難なことなのです。リーダーが同質化をしてきたら普通は負けてしまいます。

一方、リーダー企業はいとも簡単に、自分たちにとっては正しいと思える判断によって、

結果的に「墓穴」を掘ってしまうという状況に陥ることが多々あります。これは単純なミスではありません。内向きにはファインプレーなのに、外向きにはエラーになってしまうというねじれ現象から生まれてきます。そして、チャレンジャーに差別化を実現する時間的猶予を与えてしまうのです。

たとえば、文具通販のアスクルの成功は、文具業界のリーダーであるコクヨの緩慢な対応を抜きにしては語れません。アスクルへの対抗サービスであるコクヨのカウネットは数年遅れで開始されました。この遅れの間にアスクルは強力な事業基盤を構築することができました。

コクヨにとっての正しいと思えた判断は、既存の優良卸・優良小売店を大事にするという配慮と気配りの上に成り立っていたと考えられます。そして新しい事業機会への参入が遅れたのです。

リーダー企業は、強力なポジションを確立できたからリーダーなのです。そのポジションを強化するという、順当で正しい配慮・気配りをすればするほど、新しい何かに対する同質化が遅れるという自己矛盾を抱えてしまいます。

この議論からは、重要な一つの論理的帰結を導き出すことができます。それは、リーダーであれチャレンジャーであれ「内向きの論理に囚われるな」ということです。リーダーは、過去と現在の強みに目を向けるのではなく、未来と新しいことへと目を向けなければなりません。一方、チャレンジャーは、自社の差別化の努力だけではなく、競争相手の「敵失」を見逃さないために、よくよく外に目を向けておくことが重要になるのです。

〈ケーススタディ〉自らの経営判断こそがリーダーに求められるもの

多くの企業は通常複数の事業を有しており、それらの事業の中でどの事業に注力すべきかといった経営判断を行っているはずです。いわゆるポートフォリオ経営です。企業によって異なりますが、事業規模、利益率、財務健全性、市場シェア、市場成長率といったいくつかの指標を組み合わせて、事業の優先順位付けや撤退など、選択と集中の判断を客観的に行っていると思います。

企業経営にとって必ず必要になる戦略アプローチではありますが、気をつけなければ誤った経営判断に陥る危険性があります。たとえば、利益率が低い事業から撤退、大きな稼ぎ頭である主力事業への投資といった判断は一見正しいと思えます。しかし、利益率が低いのは今だけで、長期的には大きく利益を生む事業に育つかもしれませんし、あるいは今は周期変動の底にいるのかもしれません。主力事業への投資も、先程の正しい配慮・気配りによる同質化の遅れを引き起こしてしまう可能性もあります。

多くの場合、ポートフォリオの判断は、現在入手できる定量情報によって行われますが、その情報のほとんどは現在か過去に関するものです。つまり「結果だけ」を見て、機械的ルールを適用し、取捨選択の判断を行ってしまっている可能性が高いのです。これは経営放棄とも言えます。機械的な判断だけでよいのであれば経営者は不要になってしまいます。

優れた経営者が必要とされるのは未来が不確実だからです。それゆえ、不完全な情報しか入手できなくても、未来や外の動きに思考を巡らせ、自らの判断をしていくことが求められるのです。そこにこそ経営の本質と経営者の役割があると言えます。

先手の連鎖、差別化の連打

過去を向いて経営するのではなく、未来を向いて先手先手で差別化を連打していくことが企業には求められます。そうしないと他社に真似られるからです。真似されると、顧客にとっての価値判断軸が最終的に価格だけになってしまいます。そうすると、業界全体がコモディティー化し、そこから抜け出せなくなってしまいます。

MITの名誉教授マイケル・クスマノとハーバード大学のディビッド・ヨッフィーが、ビル・ゲイツ（マイクロソフト）、アンディー・グローブ（インテル）、スティーブ・ジョブス（アップル）の経営アプローチを分析し、その共通項から5つの戦略ルールを導き出しました。その内容は、2015年にStrategy Rulesという書籍で出版されました。その5つのルールの1つ目は、「未来のビジョンを描き、逆算して今何をすべきかを導き出す」です。

つまり、一手先を考えるのではなく、未来からの逆算で、何手も先を読んで行動していくことが求められているのです。それができる企業は動きが速く、的確な判断ができます。日本企業の多くは、この先を読むことからくる「速さ」が欠けているのではないかと、筆者は思っています。

たとえば、家電業界においては、2000年代初頭、フィリップスがAV事業・液晶パネル事業などから撤退しました。フィリップスは、かつてパナソニックと日本で合弁事業を行ったり、ソニーと共にCDやDVDの規格を作った欧州における電機の名門です。これらAV・液晶パネル事業からの撤退後は、すばやく医療機器分野でのM&Aを進め、B2Bの医療機器メーカーとして復活を遂げました。一方、B2Bビジネスへの転換を急ぐパナソニックがプラズマディスプレイの生産を停止したのは2014年のことです。ここには10年以上の開きがありました。未来と外をもっと見ることができていれば、と思うのは筆者だけでしょうか。

時間優位の構築

最近では、「速さ」に着目した新たなビジネスモデルで成長を遂げている企業もあります。ロケット・インターネットという独企業は、先進国で成功したネットビジネスを、そのサービスがない新興国にコピペして、立ち上げ、育て、高額で売り抜き、成長している企業です。ロケット・インターナショナルは、これまでに200社以上の企業を立ち上げてきました。

日本の伝統的な企業は、たとえそれがリーダーであれチャレンジャーであれ動きが遅いように思います。その一因には、先程議論したポートフォリオ経営のように、これまでに蓄積されたルールや仕組みに縛られ身動きが取れなくなっているという要因も大きいのではないかと思います。

未来を見通し、自社と外との相互作用・ダイナミクスを考え抜き、機械的な判断だけでなく、深い思考に基づく適切な判断と実行の勇気を持つことから始めていけば、コングロマリット・ディスカウントや、新規事業不在といった大企業病から抜け出せるのではないでしょうか。

3　組織暴走の理論――暴走と英断を見分けよ

経営者やミドルマネジャーの英断によって時に企業は再建を果たします。たとえば、ルイス・ガースナーが就任する前のＩＢＭはあまりに多様な事業を抱えていたので、いくつかの別会社へとバラバラにしようとしていました。しかし、ガースナーは会社解体を暴挙と考え、人材の強みを生かしたソリューションビジネスへと舵を切り、ＩＢＭを再建しました。

あるいは、商業配送事業をやめて、宅急便事業へとシフトしたクロネコヤマトの小倉昌男氏は、今から振り返れば、大きな英断を下したと言うことができます。当時、これは周囲の人にとっては暴挙に見えていました。

確かに、企業は暴走してしまうこともあります。過去の成功体験から脱却できずに、環境が変わったにも関わらず、自己を正当化するためだけの戦略を続けてしまうのです。しかし、沼上氏は、組織の「英断」と「暴走」を見分けることは難しいと言います。また、その見分けがつきにくいということ自体も暴走を加速してしまうと指摘します。

組織内の「暴走する個人」は、自分がやろうとしていることは英断だと思っていて、エネルギーの続く限り走り続けます。それを止めようとする理性ある人は「ひょっとしたら自分は英断を止めようとしているのかもしれない」と不安を持ち、換言することを躊躇してしまいます。

暴走する個人の部下は、責任は上司にあるのだからと止められないし、一方、上司は「グッとこらえて口出ししないのが上司の辛いところだ」と暴走を容認してしまいます。こうして組織の暴走は誰にも止められずに続いていってしまうのだと沼上氏は言います。

では、どうすれば暴走と英断を見分け、組織の暴走を止めることができるのでしょうか。簡単ではないのですが、沼上氏は以下の二つのポイントを挙げます。一つ目は、「なぜ」「どうして」をしつこく問い続けることを大切にすることです。もう一つは、組織内の知的水準を高めることです。これは「なぜ」を追求できる人材を組織内にある程度の数以上揃えることを意味しています。こうしたコア人材ネットワークの知的力量とコミットメントが、組織の暴走を防ぐ組織の基盤になるのです。

〈ケーススタディ〉自己正当化の罠から脱却することの難しさ

暴走してしまうケースの多くは、過去の成功体験によって引き起こされます。たとえば、一世を風靡したシャープの液晶テレビ事業における失敗も、成功体験からのオーバーシュートだと解釈できます。シャープはそれまで、優れた液晶技術と、それを活用した優れた製品群の間の好循環で成長を遂げてきました。液晶テレビはその集大成とも言える製品です。

2000年代初頭の液晶テレビの成功によって、シャープでは巨額の設備投資が加速度的に続けられていきます。しかし2000年代の後半には既にサムソンやLGといった韓国メーカーの方が規模的には大きくなっていて、もう投資競争では勝てない状況にありました。さらに、シャープは作った液晶テレビを売りさばく、営業力上の課題もありました。そして、リーマンショックという不幸も重なりました。本当は戦略転換の大きなタイミングだったのですが、巨額投資を決めたという自己を正当化するために暴挙にも見える投資を続けていくことになります。

ただ、このような批判は事後だからできる、ある意味卑怯な批判です。当時、もし自分がそこにいたら、暴挙だと見抜けていたかどうかが本当は問われるべきです。過去の成功という非常に強力な「事実」があるが故に、自己正当化の罠に気づき、そこから抜け出るのは本当に難しいことなのです。

英断のための徹底的な思考

しかし、実際には、当時のシャープの中にも暴挙に気づいていた優れたミドルマネジャーはいたはずです。しかし組織を動かすためには、質・量ともに十分ではなかったのかもしれません。しかしながら、暴挙を止め、組織を英断に導くためには、結局、組織自身がそれに気づき自ら軌道修正するしかありません。すぐれたトップマネジメント、そしてミドルマネジメントを生み出していくしかないということになります。

その「優れた」という意味は、繰り返しになりますが、「なぜ」「どうして」を深く考えられるということです。

以前、アパグループの現代表取締役社長である元谷一志の講演に参加させていただいたことがあります。一志氏の父親であり創業者でもある元谷外志雄氏の様々な英断話をお聞きしました。たとえば、アパグループはプリンスホテルから幕張の施設を買い取ったのですが、普通に考えると、場所的にも都心から離れており、巨大なホテル施設であるので稼働率も低く、買収は暴挙にも思えます。

しかし、外志雄氏の論理は違っていました。場所的には、スカイツリーやディズニーランド、浅草にも近い、つまり外国人観光客にとってはまさに一等地であること。またシングルルームが広めだったので、コンパクトツインにしてしまえば、コスパが上がる。これは外国人観光客にとっても大きな付加価値になる。そして、プリンスホテルは容積率を使い切っておらず、まだまだ施設を増築し、効率を上げる余地があるということ。これらの理由から安い買い物だと判断したのです。そして実際、買収後大きく利益を上げています。

では、そのような判断力はどうやったら培うことができるのでしょうか。お聞きしたところによると、外志雄氏は毎日、新聞を隅から隅まで読み、常に何かを考えているとのことでした。

英断の実現にむけた現場の知恵の集約

一志氏も外志雄氏に負けず劣らず考え続けているようです。新しいホテル施設をオープンする際には、必ず新しい試みを行うそうです。その際には現場からの知恵も最大限活用するといいます。そこからは痒いところに手が届くいろんなサービスが生まれてきています。たとえば、枕元のUSBを2つにする、これは、会社用と個人用のスマホを持っている人にはとても便利です。あるいはクシ・ブラシを一体型製品にしてしまう。利便性も上がり、費用も抑えられます。また歯ブラシはいいものにしているそうです。なぜなら一回だけ使って捨てるのはもったいないし、持って帰ってもらうと顧客にとってもお得だからです。

結局のところ、考え続けるというシンプルなことしか、暴挙を止め、英断を生むことを実現できないのかもしれません。

4 思考の欠如に陥らない――メカニズム解明にフォーカス

経営戦略を構築するために必要となる「なぜ」を追求する思考法を身につけるにはどうすればよいでしょうか。それにはまず、どのような思考法があり、どのような効果をもたらすのかを理解する必要があります。そこで沼上氏は思考法を3つに分類します。カテゴリー適用法、要因列挙法、メカニズム解明法の3つです。戦略構築に向けた最も適切な思考法はメカニズム解明法であると沼上氏は言います。他の2つはその準備的な思考法であり、組織内コミュニケーション等に役立つ副次的な思考法だと位置づけています。

メカニズム解明法は「現象」そのものを扱うのではなく、その背後にある「構造」に迫ろうとする思考法です。その分、難易度は格段に高くなります。なぜなら構造を理解しようとすれば、様々な要因や人々の行為の相互作用を時間展開の中で読み解いていかなければならないからです。

たとえば、インテルのこれまでの成功は、プロセッサーというデバイス事業であること、デファクト・スタンダードを押さえていること、そして高いブランド・イメージを持っていること、という要因の列挙で説明できたような気がしますが、それだけでは本当に理解したことにはなりません。ましてやインテルが儲かるのは「デバイス事業だからだ」といった「鳥だから飛べる」的なカテゴリー適用法ではなんの説明にもなっていません。

より本質的にはメカニズムを理解することに注力しなければならないと沼上氏は言います。インテルの成功のメカニズムは次のように整理することができます。インテルは、プロセッサーに集中し、シェアを上げたからパソコンメーカーに価格交渉力を持てる。そういった背景があるから"Intel Inside"キャンペーンが成功し、ブランド・イメージが高くなる。それがインテルの戦略ポジションをさらに強化し、利益率を向上させる。このように競争優位が自己強化されていくメカニズムを描けてはじめて、本当に理解したと言えるのです。メカニズム解明法の根本的な力点は、ダイレクトに「なぜ」のストーリーを描こうとするところにあります。

要因列挙法やカテゴリー適用法は考える取っ掛かりとしては有効です。カテゴリー適用法は考え始めるヒントを与えてくれますし、要因列挙法の「ある事象の理由はこの3つ」と整理すると分かりやすくもあります。でもそこで終わってしまうと「なぜ」には迫れず、有効な戦略構築の土台としては不十分なのです。

〈ケーススタディ〉「大事なポイントはこの3つ」の落とし穴

できるコンサルタントや優れた日本企業のエリートたちは、理路整然と「大事なポイントは次の3つです」と議論を整理し、クライアントや組織を引っ張っていきます。これは要因列挙法の典型であり、ビジネスシーンで最もよく活用されています。

3つくらいの項目なら頭にすっと入ってくるし、複数の項目があるがゆえに、今言っていることは単純な思考の帰結ではなく、広く考えた結果であるという安心感も手に入れることができます。そして、他の人への説得力も大幅に向上します。

もちろん、要因列挙法は、カテゴリー適用法よりもはるかに優れた思考法です。カテゴリー適用法にはより根本的な問題があるからです。たとえば、クロネコヤマトの宅急便での成功を見て、多くの競合他社が宅配事業に参入してきました。その際、クロネコヤマトが猫のマークだったのに対し、ペリカン、赤イヌ、小グマ、ライオン、キリン……と最大で35のブランドが乱立し「動物戦争」が始まりました。ちょうど「鳥」=「飛べる」といった具合に、「宅配便」=「動物のマーク」というカテゴリー適用がなされたのでしょう。しかしながら、動物のマークを付けたからといって宅配便事業が成功することはおそらくないでしょう。カテゴリー適応法は、ものごとの因果（なぜ）にはちゃんと答えていないのです。それに比べ、要因列挙法は、因果を広く探ろうとするアプローチなので、カテゴリー適用法よりはるかにましなのです。

しかし、大きな問題点は、それら列挙された要因の「間」の関係性が抜け落ちてしまうことにあります。沼上氏は特に、時間とともに各要因が相互作用しつつ発展するメカニズムが抜け落ちることが最も深刻だと指摘します。

時間発展・相互作用・ダイナミクスを重視すべし

先程のインテル成功のメカニズムを左に図示しました。ここで大事なポイントは、要因間の因果関係が明確に示されていることと、時間的な順序関係が見えていることです。そこが

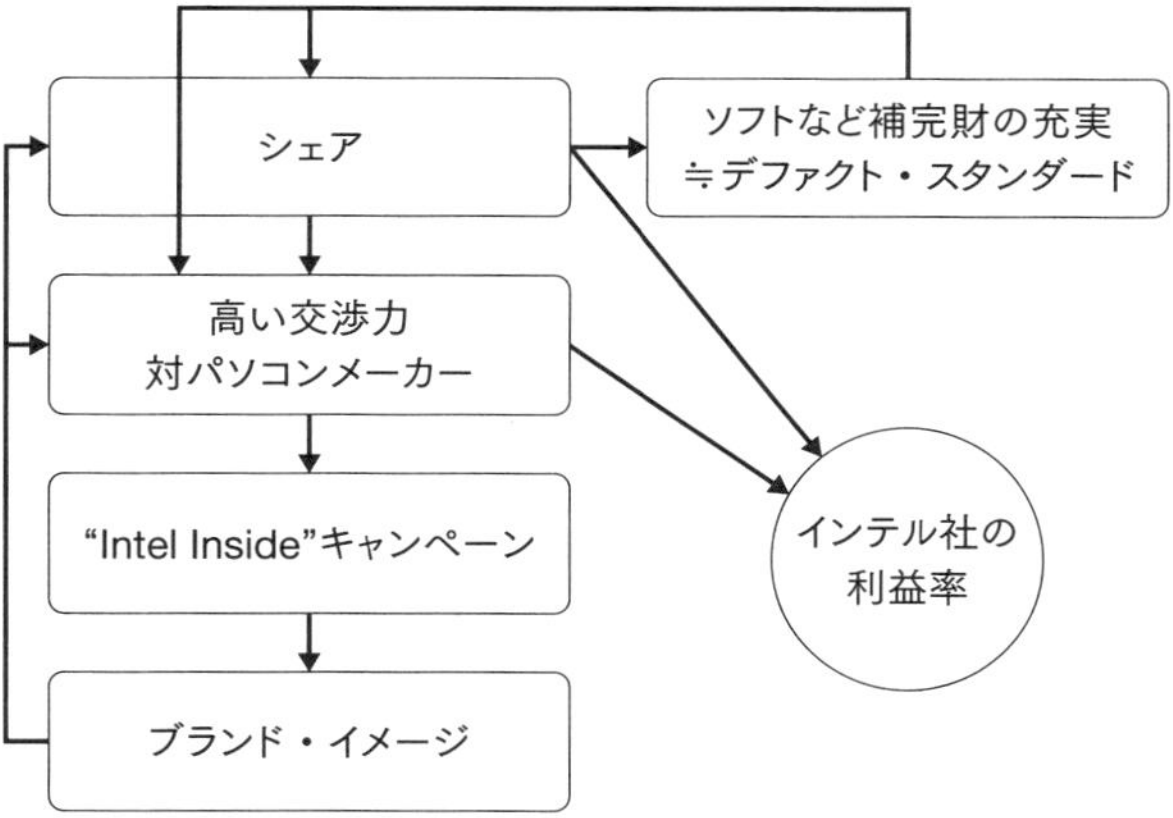

出所：『経営戦略の思考法』P.157

本質的に大事なので、本書の副題は、時間発展・相互作用・ダイナミクスになっているのです。

このような背後のメカニズムを理解できていないと、ビジネリーダーはその時々の多数意見に従うしかなくなります。なぜなら、明確な行動原理が不在になってしまうからです。一方、メカニズムの理解は、何が正しいことなのかを示してくれるので、それは意思決定のための判断軸になりえます。

ただ、なかなか現実的には、資源の制約や競争関係の中で、うまいメカニズムを描けないことも多々あると思います。あちらを立てればこちらが立たずの状況です。その際には、どうしても何かを優先し、何かをあきらめなければならないというトレード・オフに直面することもあります。

短期のトレード・オフを長期のトレード・オンに

たとえば、クロネコヤマトは「サービス第一」「利益第二」という優先順位を決め、まずはサービスにフォーカスしました。また、アマゾンは、創業後、ネットだけのビジネスモデルではうまくいかないことに気づき、ネットベンチャーであったにも関わらず、物流の仕組みに非常に大きな投資を行いました。結果、利益は大きくマイナスの状況が続くことになりました。ビジネスモデルの強化を優先し、利益は後回しにしたと言えます。両社ともトレード・オフを採択したのです。

しかし、結果的には、クロネコヤマトもアマゾンも利益を上げるビジネスを構築することに成功しました。それは、時間発展の観点から、未来の成功のために必要となるものに最初はフォーカスし、今は苦しくとも、未来を作ろうと努力したからです。短期的にはトレード・オフでも、長期的にはそれがトレード・オンになるように道筋を考えていくことが非常に大事なのだと言えるのではないでしょうか。

では、どうすればこのような発想ができるようになるのでしょうか。簡単ではありませんし、お手軽な方法もありません。しかし、常に「なぜ」を問い続け、実践の中で身につけていくことが一番の近道なのだと思います。

森洋之進（もり・ようのしん）　第5章（2016.11-12）
アーサー・ディ・リトル・ジャパン　シニアパートナー
東北大学工学部機械工学修士課程修了。米カリフォルニア大学バークレー校経営学修士（MBA）。大手電子機械メーカー（商品企画、設計・開発、海外戦略立案、合弁会社設立等）、米国系経営コンサルタント会社勤務を経て、ADLに参画。経済産業省「産業構造審議会知的財産政策部会経営・情報開示小委員会」委員、同省「特許権流動化・証券化研究会」委員。製造業を中心とする国内、海外における事業戦略立案、技術戦略立案、知的財産戦略立案、経営革新支援などを手がけている。

佐々木靖（ささき・やすし）　第6章（2016.12-2017.1）
ボストン コンサルティング グループ（BCG）　シニア・パートナー＆マネージング・ディレクター
BCG金融グループのアジア・パシフィック地区リーダー、および保険グループの日本リーダー。慶應義塾大学経済学部卒業。ロンドン・スクール・オブ・エコノミクス修士（MSc）。欧州経営大学院（INSEAD）経営学修士（MBA）。日本興業銀行（現みずほフィナンシャルグループ）を経て現在に至る。主に金融業界に対して、中長期戦略、組織変革、営業改革、IT戦略、デジタル戦略構築などのプロジェクトを手がける。

森下幸典（もりした・ゆきのり）　第7章（2017.1-2）
PwCコンサルティング 常務執行役 マネジメントコンサルティング担当
慶應義塾大学商学部卒業。世界158カ国、23万6000人以上のプロフェッショナルを有するPwCのネットワークを活用し、クライアントの経営課題解決のために経営戦略の策定から実行まで総合的に取り組んでいる。3年間のロンドン駐在を含め、国内外大手企業に対するグローバルプロジェクトの支援実績多数。2017年7月より、PwC Japanグループのマーケットリーダーに就任し、グループ各法人を横断したマーケティング活動を統括する。

平井孝志（ひらい・たかし）　第8章（書き下ろし）
筑波大学大学院ビジネスサイエンス系教授
東京大学教養学部基礎科学科第一卒、同大学院理学系研究科相関理化学修士課程修了。マサチューセッツ工科大学（MIT）MBA。早稲田大学より博士（学術）。ベイン・アンド・カンパニー、デル、スターバックス、ローランド・ベルガーなどを経て2017年より現職。専門は経営戦略論、ビジネスモデル、イノベーション。著書に『本質思考』（東洋経済新報社）、『成果を生む事業計画のつくり方』（日本経済新聞出版社、共著）などがある。

※章の右側のカッコ内数字は、初出掲載年月

執筆者略歴一覧

清水勝彦（しみず・かつひこ）　第 1 章（2017.4-5）
慶應義塾大学大学院経営管理研究科（ビジネススクール）教授
1986 年東京大学法学部卒、94 年ダートマス大学エイモス・タックスクール経営学修士（MBA）、10 年間の戦略コンサルティング（コーポレイト・ディレクション）を経て、2000 年テキサス A & M 大学経営学博士（Ph.D.）。同年テキサス大学サンアントニオ校助教授、06 年准教授（テニュア取得）。10 年から現職。近著に『リーダーの基準』『あなたの会社が理不尽な理由』（日経 BP 社）などがある。Strategic Management Journal など国際学会誌 4 誌の編集委員。

岸田雅裕（きしだ・まさひろ）　第 2 章（2017.4）
A.T. カーニー日本代表
1961 年生まれ。松山市出身。東大経済学部卒。ニューヨーク大スターン校 MBA 修了。パルコ、日本総合研究所、米系及び欧州系コンサルティングファームを経て、2013 年 A.T. カーニー入社。2014 年 1 月より現職。2018 年 1 月よりグローバル取締役会メンバー。著書に『マーケティングマインドのみがき方』『コンサルティングの極意』（ともに東洋経済新報社）など。

大海太郎（おおがい・たろう）　第 3 章（2017.2-3）
ウイリス・タワーズワトソン・グループ　タワーズワトソン代表取締役社長
日本興業銀行にて資産運用業務等に従事した後、マッキンゼー・アンド・カンパニーにて本邦大手企業、多国籍企業に対して経営全般の様々な課題に関しアドバイス。2003 年にウイリス・タワーズワトソンに入社し、日本の年金基金向けに、ガバナンスの構築や運用方針の立案・実施をするとともに、日本企業のガバナンス底上げにも注力。東京大学経済学部卒業。ノースウェスタン大学にて MBA 取得。

小川進（おがわ・すすむ）第 4 章（2016.10-11）
神戸大学教授　マサチューセッツ工科大学スローン経営大学院研究員
1987 年神戸大学経営学部卒、89 年神戸大学大学院経営学研究科博士課程前期課程修了。98 年米マサチューセッツ工科大学（MIT）で博士号（経営学）取得。神戸大学経営学部助教授などを経て、2003 年から神戸大学大学院経営学研究科教授。16 年から MIT スローン経営大学院研究員。専攻はマーケティング、イノベーション管理。主な著書に『ユーザーイノベーション : 消費者から始まるものづくりの未来』（東洋経済新報社）など。

日経文庫 1394

プロがすすめるベストセラー経営書

2018年6月15日　1版1刷

編者　　日本経済新聞社
発行者　金子 豊
発行所　日本経済新聞出版社
https://www.nikkeibook.com/
〒100-8066　東京都千代田区大手町1-3-7
電話：03-3270-0251（代）

装幀　next door design
組版　マーリンクレイン
印刷・製本　シナノ印刷

©Nikkei Inc.,2018　ISBN978-4-532-11394-0
Printed in Japan